VENDRE ET DEVENIR RICHE

A L'ECOUTE DES CHUCHOTEMENTS DE DIEU

A lire uniquement si vous souhaitez réellement changer de vie, en mieux.

ISBN : 9781679467622

CRYS DEBORJA **TACKY**

Sommaire

Remerciements 6
Avant Propos 7
Même la mort ne peut vous arrêter 11
Ce livre doit vous rendre riche 14
Une conception folle de la richesse 16
Pourquoi l'indépendance financière 19
La fortune est cachée dans la vente 22
Devenir riche est un devoir 25
La richesse naît dans la pensée et prend corps dans l'action 28
La discipline est l'ingrédient mystère qui pimente le succès 30
Il n'existe aucune fortune sans processus 33
L'investisseur n'est pas aveugle 36
Pauvre, arrogant et menteur: la nouvelle tendance ... 39
Qu'est-ce que l'argent? 42
Gagner son premier million. 45
Le système de richesse: l'argent a une odeur 51
Vendre n'est pas seulement une action, c'est un ART. 54
L'Instinct, c'est le chuchotement de Dieu. 57

Bien choisir son allié est une question de vie ou de mort 62

Aurevoir Mister Poverty. 65

Pourquoi la richesse est une nécessité 69

De Zéro à Héros 71

L'Art de la vente 79

Ma philosophie 103

30 jours pour une nouvelle vie 106

Bibliographie 141

Je viens de réaliser une vente ☺

Vous êtes mon nouveau client!

J'apprécie votre engagement vers la réussite et votre soutien dans ma démarche pour la vulgarisation de la richesse.

MERCI!

Maintenant que vous venez de me rendre un peu plus riche, à mon tour.

Je dédie ce livre à mes parents
Vous méritez bien plus qu'un livre

Remerciements

Je remercie le bon et merveilleux créateur pour le souffle de vie et les merveilleux talents dissimulés en moi. Je le remercie aussi parce qu'il vous a permis d'entrer en possession de ce livre qui peut changer votre histoire.

Je remercie Eugène et Alphonsine TAKI, mes parents, pour leur amour inconditionnel. Partis de rien, ils ont construit ma vie.

Je remercie Roll, Ivane & Anonda TACKY pour leur amour et contribution dans ma vie.

Je remercie Mme Claude Sandra ASSOGBA pour avoir contribué à la correction de ce livre. Son travail remarquable a permis de produire un travail de meilleur qualité.

Je remercie Isabelle MBAMA qui a bien influencé le contenu de cet ouvrage.

Je remercie Berulle NGOMA pour tous ses précieux conseils.

Avant Propos

Ce livre "**Vendre et Devenir Riche**" est un mélange de philosophies et d'expériences personnelles dans ma quête du bonheur, de l'indépendance financière et de la richesse. Il ne constitue en aucun cas une recette miracle en sa seule lecture. La réussite passe par l'intégration de l'esprit de ce livre et par l'application au quotidien des principes et théories mentionnés.

Pour devenir riche et amasser des fortunes, vous devez nécessairement vendre. En achetant ce livre, j'ose croire que vous souhaitiez découvrir les mécanismes pour devenir riche en vue de vivre la vie que Dieu vous a reservée sur terre avant de le rejoindre.

L'or et l'argent appartiennent à Dieu et l'obéissance aux principes divins est le premier pas pour profiter de sa grâce sans interruption.

Les principes sont universels mais leur application est individuelle. La réussite sourit étrangement à ceux qui se lèvent tôt et décident effectivement de manger à la sueur de leur front. Réussir n'est pas un droit mais un devoir, une poursuite.

La richesse vous offre le choix, l'honneur, le pouvoir.

Devenez riche et votre vie changera, devenez riche et les regards sur vous changeront immédiatement.

Toutefois, ce livre parle de la richesse honnête et méritée au bout de l'effort, de la vente. En effet, il y a une bien fine ligne qui peut tout de suite vous faire basculer du côté obscur car l'amour de l'argent peut vite devenir la racine de tous vos maux. Toute richesse malhonnête est éphémère car la fureur de Dieu[1] n'est jamais loin de l'injuste.

Avant de poursuivre cette lecture, merci de fermer vos yeux et de remercier le créateur pour tout[2]. N'oubliez surtout pas de mettre vos genoux au sol et dire MERCI!

Bonne lecture…

---

[1] Colère de Dieu, réponse de l'univers, karma, etc
[2] Souffle de vie, santé, argent, travail, famille, paix, etc

"Crys est pour moi une source d'inspiration. Sa philosophie a révolutionné ma vie et m'a permis de traverser courageusement et surtout brillamment ma formation militaire"

Simaurel MPASSI, *Officier Marinier*

"Crys et moi travaillons sur différents projets. Je dois avouer que sa conception de la vie a complètement transformé ma propre vie. Ses vérités sont parfois troublantes mais elles vous remettent surtout au bon endroit dans votre vie."

Peguy ANGOKA, *Business Developer & Chargé des Relations Publiques à YALI Congo*

Celui qui retient le blé est maudit du peuple mais la bénédiction est sur la tête de celui qui le vend.

– Proverbes 11:26 –

Le paresseux ne rôtit pas son gibier; mais le précieux trésor d'un homme, c'est l'activité.

– Proverbes 12:27 –

Les bonnes opportunités ne s'autoproclament pas. Il nous revient de les identifier et de les saisir. C'est précisément ce qui distingue les riches des pauvres.

– Isabelle MBAMA –

L'échec est ce seul diplôme qui nous qualifie pour un succès et un bonheur durables. C'est de l'échec que découlent toutes les grandes réalisations.

– Crys TACKY –

Même la mort ne peut vous arrêter

Alors que j'écris les mots qui suivent, nous sommes au 19 juillet 2018 et j'aurai pu mourir aujourd'hui... Ce jour marque certainement un tournant dans ma vie. Oui, j'aurai pu mourir en flirtant avec le risque.

Alors que je me baignais avec ma fiancée, je voulais remonter un courant d'eau et atteindre une passerelle en face. Après plusieurs essais, je prends la resolution, à peine en mesure de reprendre mon souffle, d'essayer pour la dernière fois sous les yeux de ma fiancée me regardant probalement bien impuissante. Alors que je nage contre le cours de la rivière, je réalise que le puissant courant ne me permettra pas d'atteindre la passerelle à un peu plus d'un mètre de moi. Je prends le dangereux choix de faire demi tour et là...

Alors que j'engage mon retour, mes membres me lâchent en symbiose avec mon souffle. Je sombre alors peu à peu. J'ai vu en l'espace d'une seconde ou moins la vie me quitter... Là, je réalise bien que je m'éloigne dangereusement de la vie. La seconde d'après je vois defiler dans ma tête sous l'eau: ma fiancée, mes promesses et ma famille.

Il fallait que je sorte de cet emprisonnement. Il fallait que je vive pour eux. Une petite folie aurait pu engendrer un drame. Il y a bien de petites folies qui font toute la différence.

Vivre pour les autres a ressuscité l'instinct de survie pour braver la mort. Ce n'était pas mon jour. J'ai alors conclu que ce monde avait encore besoin de moi.

Il est de mon devoir d'offrir à celui-ci ce qu'il y a de meilleur en moi. Certaines folies nous rapprochent dangereusement du point de non retour. Il y a toujours la raison pour ne pas abandonner. Quelle est la vôtre ?

Cet épisode de ma vie est un des nombreux miracles qui nous repositionnent sur notre destin. C'est certainement le cas pour moi. Abandonner et faire demi tour n'est toujours pas le meilleur choix.

Ce jeudi 2 août 2018, après avoir contemplé les nombreux autocollants[3] dans ma chambre et mon miroir, je prends mon téléphone et lis mes e-mails. Mon attention est tout de suite attirée par un e-mail d'Eric Célérier dans "**Un Miracle Chaque Jour**" intitulé "**Et si échouer, c'était apprendre**".

---

[3] Cadre de vision

Ce message comme par instinct me conduit à faire une recherche sur google et je tombe sur *Luc 6:38* "**Donnez et il vous sera donné**". C'est juste incroyable, moi qui étais habitué à mon contemporain *Matthieu 7:7*.

Dieu venait de me chuchoter une toute nouvelle réalité, une nouvelle version de la Bible, de ma compréhension de la Bible. L'instant d'après, comme une vague de pensées et souvenirs me traversent à l'image d'un violent tsumani et là je réalise combien de fois Dieu avait déjà chuchoté à mon oreille bien sourde. Refuser d'entendre a été certainement ma plus grande folie. Une petite folie qui m'avait valu bien de dommages. Dieu a toujours chuchoté à ton oreille. Décide d'écouter et de répondre! Dès aujourd'hui.

Ce livre doit vous rendre riche

Dans un monde trouble où le subconscient est en permanence en territoire ennemi, j'ai un jour cru qu'il était possible de choisir son destin et d'exprimer pleinement son potentiel.

Entre les jours de gloire et de galère, tant sur le plan financier, relationnel et émotionnel, j'ai vu surgir le meilleur en l'homme.

Je crois que le potentiel humain est illimité et il est ainsi possible d'amasser toutes les richesses et toutes les expériences désirées.

Auteur de **Unboxing Your Gift: How to Think Intentionally and Achieve Success**[4] et de **Vendre et Devenir Riche**, ma mission est de transformer votre vie, émotionnellement et financièrement.

J'ai au cours de ma courte vie servi des clients des 5 coins du monde, en partant de l'Amérique du Nord jusqu'en Asie, en passant par l'Afrique, terre de mes ancêtres et terre mère. J'ai aussi au cours de ces expériences appris le goût du risque et de la réussite bien méritée.

Réussir dans toutes ses formes est une grâce et réussir financièrement est un devoir et non un droit. La fortune naît dans la pensée et prend corps dans

---

[4] Livre disponible sur Amazon en version anglaise

l'action. Maîtriser l'art de réussir dépend de votre décision aujourd'hui.

Je n'affirme en aucun cas que tous les lecteurs vont réussir après cette lecture. Je ne peux pas vous rendre riche, ni moi, ni Dieu. C'est votre devoir de classe[5]. Dieu a mis sur votre chemin des personnes et des outils. Faites-en bon usage.

Si vous souhaitez amasser toutes les richesses, les gloires, les expériences et les fortunes, vous venez là de faire votre premier pas. Toutefois, ne recherchez pas la fortune avec une mentalité de pauvre. Il y a suffisamment de ressources sur terre pour plus de sept milliards d'abitants et suffisamment pour offrir aux extra-terrestres sur mars et encore plus loin.

La vente et la richesse sont une inspiration et une instauration divine(s).

Ce livre seul ne vous suffira pas pour conquérir votre destin. Il est toutefois un atout et un grand. Il est suffisamment bref pour être lu en un jour et relu à volonté pour que sa sagesse et votre subconscient ne fassent plus qu'un.

---

[5] La classe ici représente la vie

Une conception folle de la richesse

J'ai toujours cru que devenir riche était une affaire de talent, de don ou parfois de chance. J'ai d'ailleurs passé une grande partie de ma vie à admirer les hommes les plus riches au monde et admirer leur style de vie. Brillant à l'école, pour moi la vie ne serait qu'une continuité car m'avait-on appris: Va à l'école, fais de bonnes études et avec ce précieux diplôme, les portes de la belle vie te seront ouvertes.

J'ai souvent remarqué qu'il y a deux (2) types de personnes qui réussissent dans la vie: les moins brillants et ceux qui s'entourent le mieux. Les plus intelligents font généralement partie de la classe moyenne ou encore pire. Il n'est pas aussi rare de constater que les uns font de longues études pour devenir de bons serviteurs et les autres contre toutes critiques interrompent leurs études pour garder leurs noms gravés dans l'histoire.

Il y a très certainement, une simple compétence qui distingue les uns. Une grande partie de ma petite vie a consisté à découvrir cette compétence puis la comprendre et finalement à la transmettre[6] le plus fidèlement possible.

---

[6] aux initiés, toutes les personnes qui souhaitent devenir riche

Lorsque je rejoindrai le père, j'ose croire que l'un des sujets de conversation sera combien grâce à lui, j'aurai pu inspirer directement plus de dix (10) millions de personnes à travers le monde et près d'un (1) milliard indirectement. Un pari plutôt audacieux pour un Africain vivant dans la toute petite République du Congo.

Je me considère comme un messager avec une mission noble du très haut. Ma mission ne consiste peut-être pas à évangéliser, ou peut-être pas encore, mais à transmettre les valeurs et principes divins. Dieu dans l'une de ses premières missions à l'homme lui a demandé d'administrer la terre, de l'assujétir, de la faire prospérer. Pour ma part, tout homme doit ainsi produire du fruit, de même que toute entreprise, toute église, tout disciple.

J'ai toujours admiré le beau. La nature telle que conçue par Dieu reflète toute sa splendeur. Le beau s'incarne aussi dans notre style de vie, notre vision, nos rêves, notre attitude, nos valeurs, notre impact autour de nous. J'avoue que la tentation de parler de toutes ces choses est grande. Pour les besoins de ce livre il ne sera abordé que très peu. Vendre et Devenir Riche, voici un titre riche en tentation.

Le besoin de partager ces mots me vient d'un rêve effectué le 08 août 2018.

Pour je ne sais quelle raison, j'ai rêvé qu'il me revenait de partager sur le seul moyen à mon humble avis d'amasser toutes les richesses de ce monde. Il s'agit du seul moyen de vivre tous ses rêves, mêmes les plus improbables.

Beaucoup verront en ces mots une touche d'égo ou d'orgueil; toutefois je prie que ces mots vous touchent et transforment votre vision de la vie, du succès, de la richesse ou de l'indépendance financière.

Je crois que l'indépendance financière est l'une des choses les plus fantastiques qu'un homme puisse expérimenter sur terre. En parlant de l'homme, j'englobe évidemment les deux (2) genres. En effet, je crois que la femme autant que l'homme a droit au bonheur et à la richesse dans toutes ses formes.

Je crois sans moindre doute aujourd'hui que l'indépendance financière est un devoir et une recommandation du créateur. L'or et l'argent n'appartiennent-ils pas au puissant créateur? Ne sommes-nous donc pas créés à l'image de Dieu avec un droit à l'héritage et le devoir d'étendre le Royaume des cieux sur terre? J'ai toujours cru que nous sommes jugés par nos fruits, tel un arbre. Non, les pauvres n'iront pas au ciel sans leur visa et les riches vivent un paradis sur terre.

Pourquoi l'indépendance financière

Aller à la conquête du monde a toujours été une passion, découvrir l'autre côté et le reste du monde. Au fil des années la question de l'héritage a pris essor dans ma vie. Quel héritage laisser à ce monde et à ma famille? Ceci n'a évidemment jamais été une question d'argent mais d'impacter et d'avoir une influence positive.

Alors que les années défilaient devant moi, j'ai pris le goût d'étudier les personnes que je considerais avoir un impact sans précédent. J'ai tout de suite remarqué un élément extrêment important : le "**choix**". Toutes ces personnes ont toujours eu le choix, les options.

Alors que tous les sondages étaient contre lui, j'ai vu comment **Donald J. Trump** a bouleversé le monde. J'ai vécu suffisamment longtemps pour remarquer combien **Aliko Dangote**[7] est entrain de conquérir l'Afrique et bientôt le monde.

C'est souvent avec fierté que je rappelle lors de mes discours que **Dangote** est largement plus riche que **Trump**.

---

[7] Homme le plus riche d'Afrique au moment de l'écriture du livre

Je crois aujourd'hui qu'il est difficile, voire impossible d'arrêter un homme qui a une vision, une véritable.

Il est surtout impossible d'arrêter *un homme riche qui a une vision.* Ce dernier a **des options**. Je crois sincèrement que c'est ce qui fait toute la différence.

Lors d'une Conférence en 2016 à Brazzaville, en République du Congo, alors que nous échangions sur l'entreprenariat, un des porteurs de projet me fit remarquer combien il était impossible de lancer son projet faute de finances. Cette question n'a jamais quitté ma tête. C'est un choc de constater que beaucoup de personnes meurent avec leur contribution au monde parce qu'elles n'avaient simplement pas les options.

En 2017, j'ai parcouru mon plus long parcours au volant. 600 km de route, réservoir plein mais plus un seul billet en poche. Ce fut environ huit (8) longues heures de réflexion autour de mon avenir. La suite fait partie de l'histoire.

Je sais maintenant que l'indépendance financière fait corps avec la réussite, le bonheur, la paix, l'estime de soi, l'amour, l'harmonie et toutes les autres belles choses auxquelles vous pensez en ce moment.

Lors d'un voyage à destination de Paris, voyager en classe affaire me permit de remarquer le traitement reservé aux personnes qui ont des options.

Cet instant avait déjà renforcé pour ma part cette croyance selon laquelle l'**indépendance financière est un devoir** et non un droit.

Ainsi, chaque billet se mérite au prix du muscle, de la sueur et des nuits sans suffisamment dormir.

La fortune est cachée dans la vente

Je me suis souvent demandé comment une personne parvient à amasser tant de richesses au cours de sa vie alors que d'autres demeurent pauvres tout au long de leur passage sur terre. Cette interrogation a souvent envahi mes jours. Aujourd'hui, je crois que la fortune est cachée dans la vente.

Je ne connais aucun homme riche qui ne soit pas un très bon vendeur. Peut-être me donneriez-vous des exemples qui contestent cette affirmation. Pour ma part, cette compréhension, bien que tardive a complètement bouleversé ma logique.

Dans ma fraîche jeunesse, j'ai souvent cru que la vente était réservée aux personnes peu qualifiées dont le raisonnement ne pouvait offrir des postes dignes. La fortune se cache pourtant dans la vente.

Lors de mes débuts en entreprise, je me refusais de vendre, loin du confort de mon bureau frais, de mon ordinateur et des quatre murs qui réduisaient mon horizon à environ deux (2) mètres devant moi.

Lorsque j'appris que Zig Ziglar fit fortune en lavant des bureaux, ce fut inacceptable pour moi.

La profession de vendeur ne pouvait simplement pas permettre de faire fortune. Pauvre raisonnement.

Je crains que trop souvent nous tirons nos expériences de la vie de personnes médiocres. Un sage enseigne la sagesse, un spirituel, la spiritualité et un riche, la richesse. J'ai eu la chance de faire la rencontre à Abidjan[8], d'un moine Thailandais qui a complètement transformé ma vie et ma vision.

J'ai grandi dans une société où les hommes riches sont discriminés par les pauvres. Il n'est donc pas étonnant que nos sociétés demeurent pauvres. Je crois qu'il faut plus d'efforts que l'on croit pour demeurer pauvre.

Il y a quelques années, je lisais un passage marquant dont je ne me souviens plus bien l'auteur. Il disait me semble-t-il qu'il était nécessaire de fournir d'efforts pour devenir riche mais qu'il suffisait de ne rien faire pour être pauvre.

Aujourd'hui, je remets en cause cette logique. Je crois que les personnes pauvres font de leur mieux pour rester pauvre et/ou le devenir.

Je crois sincèrement que l'être humain est naturellement programmé pour fournir des efforts, pour réfléchir et agir.

---

[8] Ville de la Côte d'Ivoire, Afrique de l'Ouest

Il faut beaucoup d'efforts pour braver toutes ces barrières mentales qui nous conseillent d'exprimer notre potentiel.

La pauvreté est un fléau que seule la richesse peut combattre. Je crois sincèrement que le créateur nous veut tous riches et toujours. L'argent n'est pas la racine de tous les maux ; l'amour de l'argent et la pauvreté sont certainement la véritable racine.

La vie a une étrange habitude de sourire aux personnes riches. N'est-il pas dit qu'on ajoutera à celui qui en a déjà et retranchera à l'autre? Même Dieu dans toute sa splendeur a vendu son rêve[9] à l'homme. La richesse se trouve incontestablement dans la vente. Souhaitez-vous devenir riches ou plus riche? Qu'avez-vous à vendre? Un produit, un service, votre histoire? Vendez et devenez riches.

---

[9] Le paradis

Devenir riche est un devoir

Pour avoir connu des hommes riches et partagé une grande partie de ma vie avec des hommes pauvres, je crois bien savoir que la pauvreté est un fléau communément adopté.

J'ai au cours de mon enfance souvent entendu que le royaume des cieux était un héritage réservé aux pauvres. Et là, fier et heureux, j'ai cru que nous Africains aurions la priorité au paradis.

Et si le paradis était sur terre et que tout ce que vous aviez appris était simplement une ruse? C'est sans confirmation que je soulève ce débat en chacun de nous.

Si Dieu était physiquement parmi nous, je crois qu'il serait furieux de toutes ces bêtises admises comme faits. L'or et l'argent appartiennent à Dieu. Si la pauvreté a inondé ta maison, il est fort probable que Dieu n'y réside plus. Je crois sincèrement que si un Dieu existe, il réside dans le bonheur, les louanges, la fortune.

Je ne peux concevoir un Dieu amoureux des pauvres.

Je suspecte secrètement que Dieu châtie les pauvres pour rappeler toute sa déception.

La fortune est cachée dans la vente et les pauvres ont appris à demander plutôt que vendre. Devenir riche est pourtant un devoir et le tout puissant, qui qu'il soit et où qu'il soit, il le savait.

Est-il surprenant qu'il ait envoyé sa créature au milieu d'une si belle nature et pleine de ressources? Non, il nous voulait riches au point de nous établir administrateurs de la terre, juste inférieurs à lui, tout au-dessus des anges.

Retrouver et accepter son identité est crucial avant tout voyage vers la richesse. Vous êtes nés riches et d'un sang royal.

Je crois qu'il est de ma responsabilité et de la vôtre de devenir riche et préparer un avenir meilleur pour vous, vos enfants, votre famille et le monde. J'ai pu remarquer que seules les personnes riches et influentes avaient le pouvoir de transformer le monde. L'influence a souvent besoin de son amie richesse pour mener ses actions.

Je crois qu'il est lâche d'imposer à sa famille un style de vie médiocre parce qu'on a aimé sa condition de pauvre sans jamais avoir le courage un jour de changer sa vie. Êtes-vous fiers de vous aujourd'hui? Si la réponse est non, aujourd'hui est le jour où vous décidez de ce que vous allez devenir à partir de maintenant.

Je ne dis pas que la richesse vous rendra heureux, je crois simplement qu'elle vous permettra de définir votre bonheur car elle apporte courage, confiance, l'influence et choix. Les personnes pauvres n'ont pas le choix.

Le but sur terre est de profiter du voyage et non de préparer la destination. Chaque décision compte et chaque seconde représente une mine d'or. Décidez maintenant de devenir riche, vous aviez perdu assez de temps déjà.

La richesse naît dans la pensée et prend corps dans l'action

Il ne me paraît pas oser d'affirmer que la richesse naît dans la pensée. N'est-il pas surprenant de lire que même le grand Dieu avait dû imaginer son monde avant de le créer? Et il vit que cela était bon. Je crois qu'il n'existe aucun homme riche qui ait de pensées pauvres. Les pensées des pauvres naissent souvent du manque, de l'envie, de la haine et des regrets. La liste doit être bien plus longue et sans fin. La richesse naît dans la pensée et prend corps dans l'action, une révélation qui est entrée dans ma vie alors que je traversais une période sombre de ma vie.

Oui, et il vit que cela était bon! Ce constat renforça la conviction de Dieu et dès lors, il comprit qu'il put faire plus beau.

Une pensée qui ne produit pas d'actions est comme cet arbre que, selon le récit de la Bible, Jesus avait maudit. Et si on représentait la pensée comme un arbre! Je crois que celui-ci a besoin de terre, eau et sève pour donner des fruits. Les fruits sont le résultat[10] et les autres[11], les actions.

---

[10] Richesse
[11] eau, terre, sève et autres

On connaît chacun un pauvre plein d'idées et un autre pauvre sans idées. En réalité, le premier est pire que le second.

Je crois qu'il existe un espace sensible entre la pensée et l'action, je l'appelle le choix ou la décision. Durant cet instant qui peut aller de quelques secondes à plusieurs années, nous choisissons de nous vendre et d'acheter ou pas nos propres pensées. L'achat se manifeste par la prise d'initiatives ou d'actions.

> **Mark Twain** soulignait notamment *"Dans vingt ans vous serez plus déçus par les choses que vous n'avez pas faites que par celles que vous avez faites. Alors sortez des sentiers battus. Mettez les voiles. Explorez. Rêvez. Découvrez."*

L'inaction fait plus de victimes que toutes les maladies combinées. Je crois qu'il est de la responsabilité de chacun de choisir comment il veut vivre sur terre. On ne choisit pas comment on doit naître et rarement comment on doit mourir. Toutefois, on doit décider de vivre une vie intentionnelle.

> **Lee Iacocca** a conclu en disant *"Une décision moyenne qu'on transforme rapidement en action donne souvent des meilleurs résultats qu'une décision parfaite qu'on met plusieurs mois à exécuter."*

La discipline est l'ingrédient mystère qui pimente le succès

J'ai au cours de mes années sur la planète terre[12], eu l'opportunité de rencontrer des gens qui ont connu beaucoup de succès et qui ont tout perdu ou presque en un temps record. J'en suis moi-même un bel exemple. Je partage ce passage de ma vie dans mon premier ouvrage "***Unboxing Your Gift***"[13] dans lequel j'apprends à identifier et monétiser son talent. Oui, je partage souvent autour des concepts talent, argent, potentiel et bonheur. En effet, aucun succès quel qu'il soit ne peut traverser les années s'il n'obéit pas à une certaine discipline. Il ne faut ici surtout pas confondre discipline et constance.

J'ai souvent remis en cause les théories qui mettent en avant la constance dans nos actions comme condition de la réussite. Je ne connais aucun homme riche qui soit resté constant dans son parcours. Si par miracle, il en existe un, il s'agit simplement de l'exception et non de la règle.

La discipline dans sa démarche est l'ingrédient mystère qui pimente tout succès sur terre.

---

[12] J'y suis encore jusqu'à la fin de ce livre
[13] Unboxing Your Gift, livre disponible sur Amazon

La discipline implique d'abord la connaissance de sa personne, de ses émotions et de ses états[14]; ensuite il s'agira de poser des actions réfléchies, retraçables et mesurables.

Qu'en est-il de l'instinct me direz-vous?

Par instinct, Adolf Hilter a fait sombrer le monde et par instinct, des hommes de pouvoirs en Afrique hypothèquent des millions de vies et de terres. L'instinct ne tire son efficacité que lorsqu'il est maîtrisé, canalisé et utilisé avec toute la conscience possible.

Réussir est un objectif et savoir réussir est un art. Je ne pense pas qu'il existe un art aussi important et nécessaire. Savoir échouer aussi est un art qui exige une certaine forme de discipline communément appelée désordre[15]. Le désordre et la discipline prennent forme dans le subconscient qui lui-même est influencé par des facteurs externes. La différence entre le désordre et la discipline s'appelle *choix*.

Pour nous simplifier la vie au quotidien, notre cerveau fonctionne de façon semi-automatique. Il assiste et coordonne indépendamment de notre pleine conscience nos actions, en suivant un programme très sophistiqué.

---

[14] Lire *Pouvoir Illimité* pour mieux comprendre
[15] Prise d'actions contraires aux lois ou clés de la réussite

Ce programme est élaboré depuis nos premiers jours sur terre. Il s'agit donc aujourd'hui de refaire le programme.

La reprogrammation du logiciel mental[16] est fort heureusement un choix dans toutes ses formes.

Imaginez-vous aux commandes du véhicule de votre vie avec la possibilité de décider du type de moteur[17] dont vous avez besoin. Tous les ingénieurs[18] sont à votre service sans aucune restriction de budget[19].

Dans l'exemple ci-dessus, votre rôle consiste à choisir ce que vous voulez précisément, détails inclus. Le manque de clarté dans vos pensées[20] complique votre choix et votre communication[21] avec les ingénieurs qui à leur tour ne peuvent plus satisfaire votre véritable besoin et/ou désir.

> "La discipline est le pont entre les objectifs et la réussite" – *Jim Rohn*

La réussite est sans moindre doute une combinaison de plusieurs disciplines sur la durée. Aucune réussite n'est acquise.

---

[16] Cerveau et ensemble de croyances
[17] Logiciel mental
[18] Livres, Vidéos, Sites web, Mentors, Séminaires, Amis, etc
[19] Potentiel. Votre potentiel et celui de votre environnement
[20] Objectifs, cibles, produits, marché, qualité, etc
[21] Actions, non cohérentes par rapport à vos objectifs

Il n'existe aucune fortune sans processus[22]

Je crois sans moindre doute que tout succès, toute fortune laisse une odeur. Cette dernière est si forte qu'elle peut être suivie sans se tromper de chemin. Hélas, l'arrogance bouche plus de narines que le reste. J'aurais aimé apprendre à devenir riche lors de mes années à l'école. J'ai malheureusement vu trop de professeurs venir en sueur lors de mes cours. Et croire que ces derniers avaient pour but de me formater…

J'ai bien peur que la vie nous formate tous sans exception. Certains, comme moi, ont simplement été au mauvais endroit, au mauvais moment. Dommage d'ailleurs que ce soit le cas pour la majorité et certainement pour vous qui lisez ces mots.

J'ai eu beaucoup de chance d'observer quelques fois les fourmis. Ces insectes sont extraordinaires. Elles ont une façon ingénieuse de trouver des solutions aux obstacles.

Je crois que la philosophie de la fourmi devrait être enseignée dans toutes les écoles.

---

[22] Ensemble d'activités organisées dans le temps

La fourmi ne se lasse jamais, ne décélère presque jamais et recherche constamment la solution à chaque difficulté.

Au fil du temps, tout ceci est devenu instinctif chez elle. Tout est dans le processus.

Le processus rend l'impossible possible, le complexe facile, le non croyant religieux, le pauvre riche.

Il n' y a aucune fortune sans processus. Au cours de ces deux dernières années, alors que mes avoirs avaient subitement quitté ma vie[23], j'ai pris le temps de me remettre en cause. Je sais désormais que la fortune suit une logique aussi certaine que $1+1=2$[24]. C'est fou combien passent à côté de leur plein potentiel[25]. Je crains parfois que Dieu ne soit pas très fier de nous.

Etudier les riches et leurs processus nous ouvre étrangement à leur pouvoir. C'est le début de toute fortune. Si étudier et pratiquer la Bible nous conduit au paradis, étudier et pratiquer le processus par lequel on accumule la fortune nous pemet sans moindre doute de vivre un paradis terrestre.

Aucune fortune n'existe sans processus et tout processus peut être reproduit à volonté.

---

[23] Pauvre
[24] Vérité mathématique et logique
[25] Compétences & qualités non exploitées

La folie consiste peut-être à croire que la fortune se cache dans une salle de classe ou à l'église, quand vous n'êtes pas propriétaire de cette église.

Etudiez les hommes riches et entourez-vous des hommes riches. Une fois riche, vous aurez assez de temps pour servir les pauvres. Votre utilité dans la société est fonction de votre influence et donc de votre pouvoir. Or votre pouvoir lui-même dépend beaucoup de ce qui se trouve dans votre poche et du nombre de Zéro sur votre relevé bancaire.

Rendez-vous service! Recherchez le processus qui vous convient, étudiez-le, appliquez-le. Vendez et devenez riche.

Soyez féconds dit la Bible. Elle ajoute qu'il faut assujétir la terre. La fortune est sans doute la conséquence logique de cette interpellation. Pour terminer, le créateur nous envoie étudier la fourmi. Dieu nous veut riches et heureux. Toutefois, le bonheur va au-delà de la simple fortune.

L'investisseur n'est pas aveugle

Et il vit que cela était bon…Dit-elle[26]. L'investisseur n'est pas aveugle. Les cinq sens sont un atout pour l'homme au même titre que la vue pour Dieu alors qu'il contemple la création. Une façon de mettre ceci en pratique consiste à toujours vérifier toutes ses informations, quelles qu'en soient les sources.

Passionné de l'entreprenariat et amoureux de mes rêves de gosse, j'ai perdu des millions dans des affaires vouées à l'échec, constamment. Vendre vous rend riche et acheter vous rend pauvre. J'ai acheté non seulement des produits mais aussi des idées, des projets. L'investisseur aveugle n'amasse jamais des fortunes. Le but n'est pas de rêver comme un riche mais de vivre comme un riche.

Les pauvres avec des rêves de riches brûlent chaque jour leurs petites sommes pour acquérir le plaisir des riches. Ils enrichissent ainsi les riches qui eux recherchent le plaisir dans les détails.

Je crois que le niveau de complexité d'un individu en dit long sur la profondeur de sa pauvreté tant mentale que financière.

---

[26] Bible - Genèse

Je me suis souvent vu en train de perdre mon temps jusqu'à ce que je comprenne que le temps était la seule ressource non renouvelable à ma disposition. Marquez une pause et pensez-y!

Que vaut votre temps actuellement? Prenons 1h à $20 ou FCFA 15000. Mettez-y tout montant qui vous correspond actuellement, sans exagérer et prenez le temps de pensez sérieusement à ceci:

1- Chaque fois que vous passez 1h à ne rien faire, vous perdez FCFA 15000

2- Chaque fois que vous accordez 1h de votre temps à quelqu'un, vous lui offrez FCFA 15000

Considérez-vous à compter de ce jour comme une véritable banque d'investissements et choisissez comment vous souhaitez dépenser[27] votre temps, comment et où vous souhaitez l'investir et enfin à qui[28] souhaitez-vous le prêter.

> *Je crains que trop souvent, nous ne mesurons pas l'impact de nos actions sur nous et sur nos finances.*
>
> *Même un aveugle a soit un bâton, soit un guide pour l'orienter.*

---

[27] temps comme monnaie
[28] Si on suppose que tout le monde autour de vous est soit un projet, soit un investissuer

Le pauvre a l'église, la Bible, la foi, les rumeurs, la peur, le stress, la constitution, l'ignorance et l'insouciance comme alliés.

J'ose croire qu'à la fin de cette très brève lecture, vous deviendrez un investisseur à l'image de l'incroyable **Warren Buffet**. Le monde est votre marché boursier, soyez un fin stratège. Exigez un retour sur investissement, **toujours!**

L'amour de l'argent est la racine de tous les maux. C'est précisément pourquoi je soupçonne Dieu, le propriétaire, d'avoir réservé cette merveille aux seuls initiés. La fortune se mérite et se respecte.

Pauvre, arrogant et menteur: la nouvelle tendance.

C'est très insultant de voir combien de véritables riches se baladent en t-shirts et combien de pauvres exhibent leurs vêtements de luxe. Je crois que ceci est autant de la responsabilité des médias que de l'ignorance volontaire des pauvres[29]. Je crois que la pauvreté n'est pas une fatalité et ce livre, j'espère, va suffisamment vous remuer pour vous sortir de la masse.

Le mensonge le plus classique consiste à croire que la confiance illusoire produite par le luxe dans la pauvreté va nous donner miraculeusement des pouvoirs illimités pour en sortir.

Ce message est largement prêché par beaucoup de formateurs chevronnés et autres professionnels en développement personnel. Pourtant, il n' y a aucun effet suite à cette pratique si le client n'est pas conditionné mentalement. La richesse naît dans la pensée et prend corps dans l'action.

---

[29] Salariés ou toutes autres définitions subjectives.

L'action ici consiste à exploiter le processus de vente adapté. Le but est de devenir riche et non de se sentir riche. Pour devenir riche, il faut vendre. L'achat vous rend heureux à court terme et triste à long terme s'il ne permet en aucun cas d'augmenter vos ressources.

Le cerveau a peut-être pour rôle de vous mentir.

Nous vivons dans un monde où tout va vite, très vite. Dans ce monde fou, le cerveau a pour rôle de vous faciliter la tâche en anticipant plus de 99% de vos actions. Ainsi, tout vous influence et tout le monde peut vous influencer à volonté, en appuyant sur le bon bouton. C'est ce que font les médias, c'est ce que fait Facebook et tous les autres réseaux sociaux. Votre égo vous pousse à croire que vous contrôlez la situation. Répondez honnêtement aux questions suivantes?

1- Combien avez-vous investi[30] sur facebook et combien avez-vous déjà gagné?

2- Si on estime 1h de votre temps à une valeur de FCFA 15000, combien distribuez-vous par jour et inutilement en ligne?

3- Avez-vous déjà gagné un seul franc, un jour, sur internet?

---

[30] Activation de data, forfait internet

4- Quelle est l'influence des réseaux sociaux et d'internet sur vos objectifs?

Je crains donc que vos routines, habitudes soient le resultat d'un conditionnement mental sur la durée, conditionnement qui brise toutes les barrières de votre consentement. Le cerveau interprète tout de façon inconsciente. Le subconscient est la cause de 80% de notre réalité alors qu'en général nous nous concentrons sur notre conscience qui ne produit pas plus de 20% de notre réalité.

Votre égo associé à vos envies et votre besoin de vous prouver est interprété par votre subconscient comme une situation de manque...

Qu'est-ce que l'argent?

Voici une très belle question à laquelle je dois souvent répondre.
Honnêtement, j'ignore la véritable réponse à cette belle question. Je crois plutôt qu'il y a des milliers de réponses ou peut-être bien plus. Je suspecte que Warren Buffet et/ou Dangote doivent avoir une bien meilleure réponse que moi.

Toutefois, je peux simplifier votre compréhension de l'argent. Je crois que l'argent c'est tout ce qui a une valeur monétaire ou tout ce qui peut être échangé contre une monnaie quelconque.

Il est fort possible que cette nouvelle définition vous surprenne et suscite plus amples questions. Oui, c'est pourtant bien cela l'**argent**. J'ose croire que vous allez à compter d'aujourd'hui intégrer cette conception de l'argent dans votre vie.

Voici ce qui peut être considéré maintenant comme **Argent**:
- Compétences,
- Art,
- Qualité,
- Réseau,
- Terrain,
- Ordinateur,

- Smart Phone,
- Vêtement,
- Poste téléviseur...

Je crois que l'argent se trouve partout dans votre espace vital mais nous fermons constamment nos yeux.

Si l'argent c'est tout ce qui a une valeur monétaire ou tout ce qui peut être échangé contre une monnaie quelconque, il faut savoir qu'il est dangereux de stocker de la monnaie. En effet, la monnaie stockée finit par pourrir. La monnaie est faite pour circuler, c'est un courant. Ainsi, le terme monnaie en anglais est **Currency** venant de **Courant**.

Le but n'est donc pas d'amasser beaucoup d'argent mais de mettre suffisamment d'argent à son service pour en générer de façon indéfinie et indépendante. C'est le revenu passif. Je crois qu'il n'y a de fortune que dans un revenu passif.

Qu'est-ce qu'un revenu passif? La définition la plus proche de la réalité que je puisse trouver est celle-ci: Un revenu passif est la quantité d'argent qui alimente vos poches même quand vous jouez les paresseux à long terme.

Je n'encourage pas la paresse mais je crois que c'est cela le revenu passif.

Si vous lisez ces phrases aujourd'hui, sachez que l'achat de ce livre est pour moi un revenu passif. Vous avez augmenté mon revenu passif et je crois que l'application de la philosophie contenue dans ce livre vous rendra plus riche et aidera à générer des revenus passifs.

Le millionnaire moyen a sept (7) sources de revenus passifs, combien en avez-vous? Combien souhaitez-vous avoir?

Si vous utilisez votre argent[31] pour bâtir des sources de revenus passifs, encore et encore, vous serez bientôt suffisamment riche pour profiter des merveilles de la vie. N'attendez pas d'avoir votre premier million pour commencer à construire votre fortune. Je crois que la vraie richesse commence petit et il est drôle d'entendre des personnes pauvres rechercher des millions de XAF en emprunt pour lancer leur entreprise de rêve. Si vous ne pouvez pas générer naturellement XAF 1.000.000[32], vous n'êtes pas digne de recevoir plusieurs millions en emprunt.

La Bible déclare, Aide-toi et le ciel t'aidera... Si Dieu ne vous fait pas confiance avec son argent[33], aucune banque ne le fera. Vendez et Devenez Riche.

---

[31] Réseau, monnaie, smart phone, etc
[32] Environ 2.000 EUR
[33] l'argent et l'argent appartiennent à Dieu

Gagner son premier million.

Aujourd'hui, 7 janvier 2019, je viens de gagner un million. C'est complètement fou quand je pense que j'ai écrit ce titre "Gagner son premier million" il y a quelques semaines déjà, quelques mois peut-être.

Je crois qu'il est possible qu'à la fin de cette lecture que vous gagniez votre premier million (EUR, XAF, USD,..) ou tout autre montant que vous auriez choisi. Si ce n'est pas le cas, je vous offre l'opportunité de me contacter pour discuter de la question.

Je crois que débuter par une petite somme est une bonne entrée en la matière.

Pour gagner un million, il faut d'abord connaître ce que représente ce million pour vous. En effet, il est impossible de gagner un million sans au préalable le convertir en produits, en services, en heures, en jours ou toutes autres unités de votre choix. Pour beaucoup, gagner son premier million représente une véritable montagne à grimper. Pour d'autres, il s'agit d'une simple équation mathématique.

Ainsi, si vous monétisez votre temps:
- 1 million = 1.000.000/30j = 33.333/jour
- 1 million = 1.000.000/60j= 16.666/jour
- 1 million = 1.000.000/90j= 11.111/jour

Si vous monétisez un service à 5.000:
- 1 million = 1.0000.000/5.000 = 200 Ventes

Si vous monétisez un service à 25.000:
- 1 million = 1.000.000/25.000 = 40 Ventes

Si vous monétisez un produit à 50.000:
- 1 million = 1.000.000/50.000 = 20 Ventes

Ce janvier 2019, je n'ai pas gagné mon tout premier petit million. J'ai quand même gagné 1 million en revenu passif en un jour, Yeah! Oui, vous l'avez je pense compris, pour gagner un million, il faut vendre un produit ou un service.

Je ne suis particulièrement pas pour l'échange de son temps contre de l'argent. Je crois qu'il est possible de vendre son temps sous forme de service et proportionnellement à la valeur ajoutée au client. Votre temps a une valeur inestimable et c'est la seule ressource dont vous disposez qui ne puisse ni être renouvelée, ni être conservée.

Pour devenir riche, il faut vendre. Pour gagner votre tout premier million, il faut vendre. Décomposer 1 million est la première étape du processus et peut-être la plus simple. Elle vous sera difficile si vous n'avez rien à vendre ou plutôt si vous vous croyez incapable de vendre quoi que ce soit. Pourtant, alors que vous étiez encore enfant, vous saviez obtenir tout ce dont vous aviez besoin et à portée de vos mains. Cela reste encore possible aujourd'hui.

Il n'y a aucune somme, aussi grande que soit-elle, qui ne soit pas à portée de vos mains. Vous vous refusez malheureusement de croire en la vérité pour adopter l'illusion dans laquelle l'expérience erronée vous a porté.

En ce début d'année, janvier 2019, j'ai eu la grâce de rencontrer un homme parti d'un rêve d'amasser des millions pour la réalisation de ses rêves. Plus qu'un simple million, il a amassé une fortune, des années après avoir vendu et acheté son propre rêve, celui de devenir riche.

Je sais qu'il vous sera plus facile de gagner 1 million si vous vous associez à quelqu'un dont la fortune est contagieuse[34]. Dans tous les cas, vendez et devenez riche.

En attendant de trouver votre produit, votre service, vendez-vous votre rêve et vendez aux autres votre personne. Attirez les opportunités et les faveurs!

Si vous êtes en mesure de proposer un service d'une valeur de 25.000 à 1.000 prospects, pour 4% de réponses favorables... 1.000.000 en poche.

Si vous êtes en mesure de proposer un service d'une valeur de 200.000 à 100 prospects, pour 5% de réponses favorables... 1.000.000 en poche.

---

[34] Vivre avec les personnes riches vous garantit presque la richesse

Dans un monde capitaliste, les nombres ont une importance et je n'exclus pourtant pas la qualité. Plus les gens entendront parler de votre offre, plus vous serez proche de votre premier million et de votre fortune bien méritée.

Différents outils vous permettront d'atteindre un plus grand nombre de personnes en une fraction de temps. Ces outils vous rapprocheront de la première vente puis des prochaines de façon miraculeuse.

- Facebook

Le plus grand réseau social au monde offre aux utilisateurs, la possibilité d'interagir avec des milliers d'autres usagers à travers le monde. Vous pouvez profiter de ce puissant réseau social pour vendre et devenir riche. Il faut toutefois garder en mémoire que le nombre ne traduit pas la qualité.

Si vous utilisez une page facebook, vous pouvez la promouvoir en utilisant de la publicité ciblée[35]. Si vous uilisez un groupe facebook, il vous faut filtrer votre audience en utilisant un groupe fermé avec un questionnaire qualificatif et un règlement bien clair. Enfin, vérifiez chaque profil et chaque mur avant d'accepter la demande d'adhésion car beaucoup d'utilsateurs encombrent vite les groupes.

---

[35] Targeted Ads

Le reste dépend de la pertinence de votre contenu et de votre constance.

Le contenu doit être alterné entre texte, images et vidéos avec le moins de liens possibles vers d'autres plateformes.

> Chaque texte doit être lié à une image ou une vidéo. L'émotion est ce qui déclenche toutes réactions humaines.

La fréquence de publication idéale est de 3 publications maximum par jour et le temps de réponse 3 heures. Ce chiffre trois (3) est si magique qu'il peut rendre tous vos rêves réels. Ne pas oublier de publier au moins 3 jours par semaine au début de votre belle et glorieuse aventure.

- Site Web

Avoir son propre site web n'est plus un luxe. Je crois que tout le monde peut se procurer un site web au 21è siècle, soit en achetant soit en apprenant la conception.

En 2015, j'ai découvert un outil appelé Wordpress. Notre rencontre a transformé ma vie et j'en suis tombé tout de suite amoureux.

> Wordpress est une plateforme qui vous offre la possibilité de concevoir un site web professionnel sans jamais coder pour les débutants.

- LinkedIn

Si vous êtes un professionnel et vous n'avez jamais entendu parlé de LinkedIn, il est fort probable que vou soyez en train de passer à côté de votre meilleur allié. LinkedIn est en effet le réseau professionnel par excellence. Il vous sera plus facile de bâtir des relations professionnelles sur LinkedIn que sur Facebook. Aujourd'hui encore, vous rencontrerez des personnes sur LinkedIn qui se sentent sur Facebook et ignorent le fonctionnement et la puissance de LinkedIn. Votre premier grand contrat se trouve peut-être sur LinkedIn, allez le rechercher.

- Amazon

De Amazon Associates à Kindle Direct Publish (KDP), vous pouvez profiter de la notoriété de Amazon et empocher des commissions.

Vous pouvez littéralement commercialiser tout ce qui se trouve sur Amazon[36] ou publier vos produits[37] Gratuitement. J'utilise personnellement KDP pour distribuer mes produits digitaux[38] dans les quatre coins du monde. Je peux publier mes livres en forma digital ou papier sans dépenser un seul franc et je m'occupe de la promotion de mon livre.

---

[36] Amazon Associates
[37] KDP
[38] Ex. Livre Unboxing Your Gift et Vendre & Devenir Riche

Le système de richesse: l'argent a une odeur.

Je crois que l'argent a une bien forte odeur et chaque personne riche en a une très forte. Il est certainement facile de reconnaître une personne riche. Une personne pauvre a aussi une odeur facilement identifiable.

Derrière chaque réussite se cache une méthode. Derrière chaque échec aussi. La meilleure manière de devenir riche est d'étudier les riches et les imiter. La meilleure manière de les imiter est de s'associer à eux.

Bien trop souvent, les pauvres méprisent les riches, au prix de leur bonheur. Je crois que la loi de l'attraction stipule clairement que vous attirez ce à quoi vous pensez le plus. Si l'église vous apprend que le Royaume des Cieux appartient aux pauvres, Dieu m'a chuchoté qu'il s'agissait là des pauvres en esprit. Se reconnaître pauvre en esprit implique la quête permanente de la vérité, de la connaissance et la gratitude.

Je suspecte que le ciel ne soit pas fait pour les pauvres qui n'ont rien fait de leur talent sur terre mais pour les braves personnes qui auront séduit le Seigneur par leurs accomplissements multiples.

La richesse est sans doute une recommandation divine. On ne réussit pas pour soi mais surtout pour les autres.

Le plus beau cadeau que vous pouvez vous offrir, c'est partager la vie de deux personnes: la vie d'un vieux sage extrêment pauvre et celle d'une personne bien riche.

La fortune est contagieuse, la sagesse encore plus. Une combinaison des deux pouvoirs vous rend divin, illuminé. Il y a peu de personnes sages et riches car la fortune est trouble et redoutable. Je crois que la fortune est comme l'océan au cours d'une pluie et la sagesse, un bâteau qui la traverse. J'aurais bien voulu inverser les choses mais je crois que c'est la meilleure représentation.

À l'heure où j'écris les phrases qui vont suivre, je me trouve à Kinshasa, en République Démocratique du Congo. Kinshasa est une grande ville où tout le monde connaît la notion de Vendre.

C'est juste phénoménal de rencontrer des personnes extraordinaires. Alors que j'entretiens le Professeur NSAMAN-O-LUTU Oscar pour partager ma passion de transformer l'Afrique et les hommes, une question me gifle complètement...

Peux-tu me payer? Je coûte cher et mon temps vaut de l'argent, me dit-il.

Honnêtement, beaucoup croient malheureusement qu'il suffit d'évoquer l'idée de sauver l'Afrique pour emballer quelqu'un gratuitement. Ils tiennent cette philosophie des ONG et autres associations.

En face de moi était un homme extrêmement riche qui sentait la richesse et ne se le refusait pas. Les riches savent ce qu'ils veulent et ils veulent que les gens ne l'oublient jamais. De cette discussion d'environ 40 minutes, je suis sorti avec un parfum de riche.

Oui, les riches sentent l'argent et attirent l'argent. Les riches séduisent l'argent telle une femme. Je venais de convaincre cet homme puissant et extraordinaire de collaborer avec moi pour des projets sérieux. Oui, les riches ont un odorat fin. Ils sentent aussi bien la ruse qu'une bonne affaire.

La première étape vers l'acquisition des richesses consiste à reconnaître et aimer la richesse. Si l'argent était une personne, comment la décririez-vous? Je serais ravi de lire vos réponses. Votre perception de l'argent détermine votre relation avec l'argent. Rêvez Grand, sortez de votre Zone de Confort et devenez confortable avec l'inconfort! Vendez toujours et Devenez Riches…

Vendre n'est pas seulement une action, c'est un ART[39].

Je crois que la drague et la vente sont deux professions soeurs. La vente n'est pas seulement une action, c'est d'abord un ART et c'est le fruit de la créativité des personnes qui jouissent d'une totale liberté.

> "L'Art, mes enfants, c'est d'être absolument soi-même" Paul Verlaine, Bonheur 1893

On ne peut être un excellent vendeur ou dragueur dans la peau d'un autre. Je crois que tout bon vendeur a le devoir de courtiser son client. Le but d'une drague sérieuse n'est pas une partie de jambes en l'air mais une véritable relation intime.

Le but ultime d'une belle vente est donc une relation intime à établir entre le client et le vendeur. Par conséquent, le vendeur doit s'assurer de la qualité du service ou du produit. Le but de toute vente est la relation à établir et non l'argent à encaisser. Offrir un produit de mauvaise qualité ou un service pitoyable n'est pas une vente mais une arnaque.

---

[39] Actions Répétées avec Technicité

La finalité de la vente est claire. Il s'agit d'établir une relation sur la durée comme si votre mission était d'épouser votre client.

Les techniques de drague diffèrent selon qu'il s'agit d'un coup d'un soir ou d'une prise pour toute une vie. Le terme prise peut sembler ironique ou peut-être quelque peu frustrant mais soyons bien honnêtes, l'homme est un prédateur à l'image d'un vendeur.

> "L'Art n'exige pas de l'artiste du talent mais des oeuvres" Stanislaw Jerzy Lec

Il faut du talent pour produire une oeuvre mais le talent en lui-même n'est pas une oeuvre. L'artiste est jugé à travers ses oeuvres et un excellent vendeur à travers son portefeuille de clients et surtout la qualité de chacune de ses relations.

Pour devenir riche, il faut vendre. La vraie richesse passe par la fidélisation de sa clientèle actuelle. L'erreur la plus répétée consiste à être à la recherche permanente de nouveaux clients sans au préalable bâtir une relation intime avec les clients actuels.

> Une relation intime a le pouvoir de transformer vos clients en ambassadeur de vos produits et services et encore mieux, en source de revenus passifs. La fortune est dans le revenu passif.

L'art est affûté avec l'expérience, l'art de vendre aussi. Vendre fait naturellement peur mais pas plus peur qu'un compte bancaire négatif ou des factures impayées.

Vendre c'est communiquer intelligemment. C'est décider de son destin, ses rêves. Vendre c'est l'art de décider de rendre ses conversations rentables et le banquier encore plus respectueux.

L'Instinct, c'est le chuchotement de Dieu.

Je ne crois pas qu'il existe en ce 21è siècle un homme aussi puissant au point de voir de ses propres yeux Dieu. Nombreux sont ceux qui affirment l'avoir rencontré et expérimenté sa présence. Ceci est entièrement vrai car Dieu demeure parmi nous et il communique en permanence avec nous. Dieu chuchote à travers notre instinct. L'instinct c'est cette voix qui vous rappelle quand vous faites le bien ou le mal. Son pouvoir ne se limite pourtant pas à cette seule fonction. L'instinct c'est Dieu parmi nous et il faut bâtir et maintenir une relation particulière avec lui.

Je parie que dans le silence, vous aviez déjà entendu plus d'une fois cette voix au fond de votre tête. Oui, Dieu communique dans le silence, dans votre silence. Tel un son d'oiseau qui traverse une forêt bien calme, ainsi la voix mystérieuse de Dieu traverse les temps pour nous envoyer avertissements, inspirations et stratégies.

Je crains que trop souvent nous ignorons cette voix, notre conseiller et guide surnaturel dont le but est de nous conduire à notre destin en s'assurant que nous prenons le chemin le plus fiable.

Or, beaucoup outrepassent cette disposition sophistiquée que Dieu a mise en chacun de nous. Dieu nous parle toujours et en toutes circonstances. Pratiquer le silence à travers la méditation ou autre pratique permet de consolider ainsi notre relation avec Dieu.

Vos passions, votre appel, votre mission sont cachés dans cette voix unique qui est l'instinct.

Suivre son instinct, voilà un conseil incontournable que chaque grand vendeur ne se privera de vous donner. En effet, la belle mise est toujours dans l'instinct car Dieu sait ce qu'il y a de meilleur pour vous et les différentes stratégies pour y parvenir.

Je ne connais aucun homme riche qui ne fasse pas confiance à son instinct. Faire confiance à Dieu est la chose la plus difficile et la plus effrayante. La foi est l'arme des champions et elle se manifeste naturellement dans l'action. Dieu est mouvement! Je crois d'ailleurs que l'argent protégé en banque finit par pourrir si vous ne l'investissez pas.

Etablir une relation particulière avec son instinct est le commencement de tout succès.

Dieu fait voyager votre esprit à travers les âges. L'esprit est multidimensionnel et connecté à d'autres esprits. Les expériences vécues vous sont communiquées sous la forme de rêves, d'inspiration, d'intuition.

C'est donc à ce moment précis que l'instinct opère en toute discrétion.

Les pauvres n'écoutent pas Dieu, ils écoutent leurs peurs et les promesses de miracles. Or par l'instinct Dieu les équipe et attend en retour qu'ils agissent. Le miracle s'opère exactement quand votre instinct travaille en symbiose avec votre conscience pour produire des actions inspirées. Le souhait de Dieu est justement que vous posiez des actions divines, donc inspirées et entretenues par la foi.

Le véritable but de l'évangile n'est certainement pas la propagation de la Parole de Dieu mais l'application de celle-ci. Aussi, Dieu par l'instinct ne nous parle pas pour que nous l'écoutions mais pour que nous entrions dans notre destin à travers l'action.

Il n'existe aucune recette miracle pour la fortune. Elle réside dans la vente. Même les fortunes acquises ont besoin d'être entretenues par la vente.

La Bible soutient qu'il faut méditer la Parole de Dieu jour et nuit mais aussi *entrer en communion avec le Saint Esprit*. Une bonne communication passe par une bonne écoute.

Dieu vous veut prospère. La prospérité selon Dieu n'est pas seulement financière mais émotionnelle, physique, etc.

C'est par sa voix que vous sont revélés les mystères cachés de ce monde et ceux de votre vie.

L'idée de ce livre m'a été communiquée sous la douche. Alors que je prenais une douche ordinaire, une voix me dit:

> "Pour devenir Riche, il faut Vendre. Tu as tout ce qu'il te faut, il est temps de vendre maintenant."

C'est fou combien ce message a transformé ma vie. Ce livre va transformer la vôtre.

Ma mission est de vous aider à transformer votre vie. Je vous apporte l'évangile mais je ne peux pas pratiquer à votre place.

J'ai, au cours de ma vie, été suffisamment rebelle au point de douter de mon instinct, de la voix de Dieu. Je vous épargne les conséquences désastreuses.

Le monde tel que conçu par Dieu conspire pour votre réussite mais vous seul(e) avez le dernier mot. L'instinct vous rappelle chaque fois que vous vous éloignez de votre héritage.

Je conçois l'intuition comme le résultat logique de la cohabitation harmonieuse entre notre inconscient et notre conscient ou notre instinct et notre raison. C'est au milieu de cette entente que Dieu déploie sa gloire.

Pour devenir Riche, entourez-vous d'excellents conseils. Votre meilleur conseiller et partenaire se trouve en vous.

Bien choisir son allié est une question de vie ou de mort

Une des qualités nécessaires pour réussir est la capacité d'identifier les bonnes personnes ainsi que les mauvaises. Il faut retenir qu'il n'y a de mauvaises personnes qu'en fonction d'un certain nombre de critères ou d'un objectif ou une mission. Ainsi, une mauvaise personne peut devenir dans certains cas la bonne personne et inversement.

J'ai notamment appris au cours de mes expériences que son entourage avait une influence sur soi. Celle-ci pouvait être immédiate ou s'étendre sur la durée.

Mon proche entourage a très souvent été au centre de mes problèmes financiers, mais seulement parce que j'ai longtemps été assez naïf. Il faut avouer que ma relation avec l'argent avait bien été conflictuelle.

J'ai grandi autour de l'argent et très vite j'ai connu le succès avec l'argent. J'en ai peut être trop gagné avant d'avoir l'éducation requise. D'ailleurs, j'ai bien souvent eu pour amis, des personnes ayant un pouvoir financier bien négligeable.

… Encore pire, j'ai trop souvent eu pour partenaires d'affaires des amis remplis de problèmes financiers. Pas étonnant que cela n'ait jamais marché.

Les pauvres ne sont pas vos meilleurs alliés…

Je connais des personnes pleines d'idées, honnêtes et pauvres mais je crois qu'il faut surtout se méfier d'un pauvre qui se plaint souvent.

Je crois que les pauvres n'ont aucune parole et se surestiment constamment. Il n'y a pas plus avide qu'un homme qui n'arrive pas à joindre les bouts de mois.

Les pauvres sont utiles dans une société bien que le demeurer reste une fatalité. Il y a un bonheur avec une odeur[40] très forte qui ne réside que dans la cohabitation avec de personnes riches.

> *Tout le monde devrait essayer de devenir riche dans sa vie et réussir au moins une fois. Aussi, tout le monde devrait essayer de partager pendant quelque temps la vie de personnes riches et juger l'impact sur sa vie.*

J'ai rarement vu un canard vivre parmi les poules et jamais un zèbre parmi les lions.

Je crois qu'on ne peut pas vouloir devenir serviteur de Dieu et accompagner son ami d'enfance chaque week-end dans un night club.

---

[40] Avantages

L'enfant apprend en imitant les adultes et le pauvre en imitant les riches. L'observation est sans doute votre meilleur outil.

Je ne crois pas qu'une meute de loups conduite par un mouton puisse vaincre un troupeau de moutons conduit par un loup. Ainsi, un homme riche parmi les pauvres devient vite pauvre et un homme pauvre parmi les riches, vite riche.

Je ne crois pas qu'il soit nécessaire de s'éloigner des pauvres. Il faut simplement les mettre à leur place véritable et reconnaître leur condition.

Une relation qui ne vous apporte pas confiance et paix est une prison dont vous devez immédiatement sortir.

Aurevoir Mister Poverty.

Je crois que la vie est un voyage bien plus qu'un but. La vie n'est pas une destination mais un parcours, un voyage. Et, une manière de fuir la pauvreté consiste à ne pas s'arrêter autour des pauvres, de la même manière que la Bible déconseille de s'arrêter en compagnie des moqueurs et communier avec eux.

Telle une masse autour de votre pied, ainsi est compagnie des pauvres. Je ne dis pas qu'il faut éviter les pauvres, les sortir de votre vie. Je dis simplement qu'il vous faut une nouvelle influence, une nouvelle odeur.

Si vous êtes le plus intelligent dans une salle, vous n'êtes certainement pas au meilleur endroit. Aussi, si vous êtes le plus riche de votre entourage et de loin, il est temps de remettre en cause votre entourage. Vous avez besoin des riches pour vous inspirer et des pauvres pour vous révolter. Les pauvres intelligents sont acceptables, quant aux pauvres sans vision, ils sont une calamité pour vous.

Si vous vous aimez beaucoup, je pense qu'il est temps de vous alléger et de vous faciliter la vie, ceci en mettant l'ordre dans vos idées, vos actions et entourage.

Dans chaque maison de pauvre se trouve un imposant poste téléviseur et dans chaque maison de riche se trouve une grande et riche bibliothèque.

En vrai, la pauvreté naît dans la pensée, se manifeste sous forme d'envie et se concrétise dans les actions. Agir n'est donc pas le plus important. En effet, la qualité du mouvement conditionne la trajectoire.

Le pauvre ne sait pas faire la distinction entre besoins et désirs. Par conséquent, le pauvre met l'accent sur les désirs car ceux-ci sont naturellement plus pressants.

Cependant, le riche connaît parfaitement ce dont il a besoin et l'ordre des priorités. Il agit ipso facto de façon stratégique en maximisant sur ce qu'il a de plus précieux, c'est-à-dire *son temps*.

Le tableau ci-dessous vous permet de mieux gérer votre temps et de gagner en productivité. Je ne connais pas un riche qui ne soit pas productif.

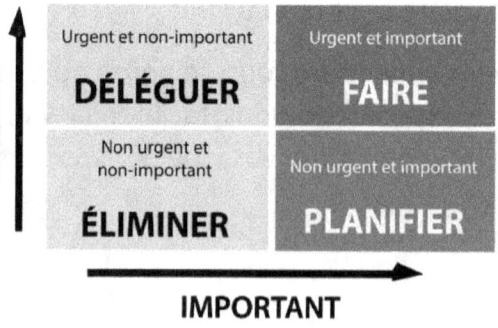

Pour compléter ce tableau, je vous prie de vous rendre un service. Vendez et Devenez Riche.

C'est triste de constater que beaucoup de gens passent le plus clair de leur temps sur des activités non rentables bien qu'ils soient en manque réel d'argent. D'autres bien plus malins avec un esprit de pauvres, essaient de profiter de leurs proches en demandant des services gratuits pour tirer bien plus de profit. Ils sont sans doute une autre forme de calamité.

Respectez-vous et exigez le respect des autres. Vendez-vous et Devenez Riche. Vous le méritez et prouvez-le.

Si vous êtes pauvre et confortable, je soupçonne que vos parents regrettent parfois toute la gymnastique qu'il a fallu pour vous concevoir et vous élever.

Même le créateur méprise les pauvres, les paresseux. Il les envoie apprendre de la fourmi. Un insecte si petit et presque invisible. En effet, on n'est jamais assez petit pour accomplir de grandes choses et même traverser de grandes eaux troubles avec une équipe adaptée. Un bel enseignement à tirer des fourmis. Aussi, on n'est jamais assez petit pour déranger des géants, tel un moustique déterminé à sucer *son sang*. La stratégie est telle une goutte d'eau qui fait déborder le vase du succès.

Pour devenir riche, il faut le désirer puis aimer l'argent et les richesses qui l'accompagnent.

Ce qu'il faut aussi et surtout savoir c'est que la pauvreté naît dans la pensée et prend corps dans l'action. La pauvreté est plus contagieuse que la richesse.

Pourquoi la richesse est une nécessité

L'amour de l'argent est la racine de tous les maux mais l'argent lui-même est une composante incontournable dans la quête du bonheur.

Si on considère que dans sa conception, la hiérarchie des besoins selon Maslow est logique et vraie, l'argent prend alors un sens encore plus important.

Selon cette hiérarchie, les besoins fondamentaux ou primaires sont les besoins physiologiques tels que manger, boire, dormir et les besoins de sécurité, tels qu'avoir un toit, une voiture. Or, la satisfaction de ces besoins exige de l'argent. D'ailleurs, la qualité de votre santé est étroitement liée à vos avoirs.

- ✓ Plus de 80% des divorces ont pour cause les problèmes financiers
- ✓ La satisfaction des besoins primaires n'est possible qu'avec l'argent
- ✓ L'argent augmente la confiance, réduit le stress et est le meilleur porte-bonheur
- ✓ L'argent offre plus que des options, des expériences
- ✓ La richesse n'est pas une obligation et la pauvreté est la pire des fatalités
- ✓ L'argent vous sert le Pouvoir, vous ouvre au monde et à d'autres opportunités
- ✓ L'argent augmente votre influence et votre crédibilité
- ✓ L'argent vous re-positionne et améliore la qualité de vos relations
- ✓ L'argent améliore la qualité de votre sommeil et votre santé
- ✓ L'argent vous permet d'être utile pour les autres
- ✓ L'argent vous permet de rendre votre famille fière et heureuse
- ✓ L'argent révèle votre vraie personne, etc

Je crois que le bonheur est une combinaison de plusieurs facteurs dont l'argent. Il y a aussi de part et d'autre la santé et l'amour. L'argent seul ne vous rendra donc pas heureux et sans argent, votre vie ne sera que misérable.

De Zéro à Héros

Que vous soyez amateur ou zéro simplement, vous pouvez devenir un As de la vente. Mieux encore, vous pouvez devenir un aimant à argent et c'est le but... Je ne connais pas un homme riche qui ne soit pas un bon vendeur. La vente est certainement la fonction la plus importante dans toute entreprise, de toute profession et d'ailleurs de toute vie.

Rechercher un emploi consiste à se vendre, au même titre que vendre un projet, un produit, un service ou simplement une pensée, une philosophie. La richesse n'est pas seulement matérielle mais aussi intellectuelle, mentale et spirituelle.

J'ai souvent vu des gens embrasser un concept qu'ils n'approuvent pas, travailler dans un projet qui ne les passionne pas ou vendre un produit qu'ils n'ont jamais expérimenté. Je crois que le bon vendeur est celui qui ne fait plus qu' *Un* avec l'objet qu'il doit[42] vendre. Le vendeur est un expert au même titre qu'un médecin qui doit soigner son patient. Le but premier n'est donc pas la richesse mais celle-ci est une conséquence logique et incontournable.

---

[42] Devoir parce qu'il règle un réel problème et donc apporte une solution tangible à un marché ou à quelqu'un qui en a besoin

Si le médecin prescrit un produit ou un traitement non approprié, il met en péril la vie de son patient et sa réputation. Il est donc de son devoir de bien diagnostiquer le client, identifier son besoin et prescrire exactement ce qu'il faut pour le soulager et le guérir. Il doit pour ce faire connaître le produit, sa composition, sa posologie et ses effets.

Je crois qu'il y a trois (3) types de vendeurs. Vous en citerez peut-être plus ou moins. Les premiers, ce sont les escrocs, ensuite viennent les passionnés et enfin les professionnels.

Les escrocs, c'est la majorité. Ces derniers veulent gagner de l'argent à tout prix et en un temps record. Ils connaissent exactement les besoins du marché et offrent une solution magique qui se marie avec l'avidité de leur pigeon[43]. Les pigeons ont en général le désir de rafler la mise et obtenir des résultats impossibles en un temps record. Cette forme d'escroquerie est très présente de nos jours dans certaines entreprises de MLM[44].

Les passionnés, ce sont les amateurs. Ils vendent à tout le monde et relativement tout. Ils découvrent la vente ou vendent sans objectif autre que financier.

---

[43] Cible idéale pour une escroquerie
[44] Multi Level Marketing ou Marketing Relationnel

Réaliser une vente leur fait beaucoup de bien et ils restent très influençables à l'image d'un enfant de trois (3) ans qui découvre le monde extérieur. Les passionnés sont des généralistes et ne connaissent pas leur potentiel et encore moins leurs produits et leur marché cible.

Les professionnels, ce sont des héros qui ont affûté leur art. Ils ont compris que vendre est d'abord un art et une oeuvre noble. Ainsi, le vendeur est investi d'une mission, celle de servir et satisfaire. Ils sont spécialistes, passionnés avec un sens particulier du devoir, de l'honneur et de l'intégrité. Les vendeurs professionnels ne vendent pas principalement pour gagner de l'argent mais pour établir une relation de confiance. Ils s'assurent que les clients tombent amoureux d'eux ainsi que de leurs produits. Un vendeur professionnel est d'abord riche d'amis.

Comment Vendre et Devenir Riche?

Si vous *désirez*[45] Vendre et Devenir Riche, il y a quatre (4) points à obverser. Vous pouvez en retenir plus, toutefois, ceux-ci sont les fondamentaux du succès. Il n'y a évidement pas de formule miracle car tout accomplissement exige un effort soutenu.

---

[45] Pour devenir riche, vouloir simplement ne suffit pas. Il faut en faire une obsession, un objectif à atteindre

On ne reçoit que proportionnellement à sa foi.

Pour réussir, il faut d'abord se vider et laisser de la place à la nouveauté, à la transformation.

Si vous n'êtes pas là où vous souhaitez être, il y a certainement une chose que vous n'avez pas encore essayée. Laissez donc place à la découverte, à de nouvelles philosophies et perspectives.

Votre niveau de conscience des choses détermine votre niveau de succès, votre richesse. Ainsi, il n'est pas rare de rencontrer des personnes intelligentes mais pauvres. L'intelligence vous positionne et pas plus, l'imagination vous distingue.

Rares sont les personnes qui décident et embrassent le changement. Ainsi, on a longtemps cru que le QI était un indicateur fiable dans la mesure du succès futur des individus. Or, le succès requiert plus de QE[46] que de QI[47]. Je crois que les meilleurs voyages sont ceux qui ont pour source notre imagination car de celle-ci naît le miracle.

Ensuite, l'art de vendre intègre l'amour. Aimez votre produit et aimez encore plus votre client. Aimez votre prochain comme vous-même.

---

[46] Quotient Emotionnel
[47] Quotient Intellectuel

Je crois que cette ordonnance s'applique aussi à la vente. Transformez votre client en un partenaraire à séduire, telle une relation amoureuse. Soyez unique, authentique, créatif. Un client est une femme déguisée.

> *Un vendeur est avant tout un séducteur qui a choisi de monétiser son art. En amour comme à la vente, évitez de séduire deux amies au même moment. Le résultat peut être chaotique. Il faut éviter de servir deux besoins à la fois et en priorité.*

Chaque femme veut être unique et avoir le meilleur. Il est d'ailleurs plus facile à une femme de convoiter et obéir à l'homme de la voisine. Si vous souhaitez tant avoir cette belle femme, vous avez certainement deux options au choix: devenir le confident ou faire rêver son amie moche[48]. Chacun des deux choix a pour mission de vous rapprocher. Le plus important en amour c'est donc se faire remarquer. Ce principe est aussi vrai en tant que vendeur. La confiance est ce qui fait justement vendre.

Les hommes[49] mariés se font plus approcher par les femmes et malgré l'alliance/anneau sur le doigt, ils sont plus irrésistibles. Cela paraît absurde. Ceux-ci incarnent simplement le pouvoir et la confiance.

---

[48] Fournisseur, Prestataire, Sous-traitance, Concurrent, Partenaire
[49] Vendeurs ayant déjà un contrat et de l'expérience

Pour séduire votre client, donnez plus que vous n'en recevez.

Offrez! La main qui reçoit est bien souvent redevable. Votre client a besoin d'attention et de se sentir singulier, privilégié. Si vous offrez aux gens ce qu'ils désirent, ils auront besoin de vous retourner la faveur. C'est plus fort qu'*eux*! Certains clients sont inaccessibles, passez alors par leurs amis moches qui iront les séduire pour vous.

N'oubliez jamais votre cible...

Je vous fais remarquer que dans l'exemple de la belle femme, nous avons bien distingué notre cible et notre stratégie. Ainsi, ce qu'il faut savoir c'est qu'il est fou de séduire toutes les femmes dans un bar. Dans ces circonstances, on ne rentre chez soi qu'avec la prostituée[50].

Ainsi, le plus important ce n'est pas simplement vendre mais plutôt vendre à la bonne personne et uniquement à cette dernière car, toute autre vente est une bien mauvaise affaire.

Malheureusement, il est fréquent de constater que bien souvent, on vend à tous sauf à la bonne personne.

---

[50] Client le plus facile, le plus dangereux et le moins rentable

Par ailleurs, la vraie vente commence après avoir dit OUI. Je crois bien que le contrat de mariage illustre parfaitement mon point. En effet, votre chiffre d'affaires dépend de la qualité de la relation qui s'établit juste après la vente. Ne dit-on pas chez nous en Afrique que l'argent appelle l'argent? Ceci est vrai, mais pas toujours. Ceci n'est vrai que si l'argent se met au service de l'argent et non de l'homme. L'argent a deux fonctions principales. *Aider* à investir et à dépenser. Donc, augmenter son *bonheur* ou son *anxiété*.

La formule magique consiste à transformer vos clients en capital social dont chacun représente une action. Or, l'objectif de tout acquéreur d'actions est d'augmenter leur valeur boursière et marchande en vue d'en tirer le plus grand profit. Les meilleurs profits se font toujours sur la durée.

Si on pouvait faire une analogie avec le mariage, celui-ci débute en réalité après la *cérémonie.* Le rôle de l'époux consiste entre autres à contribuer au plein épanouissement de son épouse qui va être un levier de son succès. Un divorce serait ainsi un désastre pour le mental et les finances de l'époux. Le but de tout mariage est donc perdurer. Ceci exige un travail constant et une communication fluide.

> *Avant la vente on découvre le client, pendant la vente, on sert le client et après la vente, on explore celui-ci.*

Il n'est donc pas surprenant de constater que des entreprises telles que Facebook, LinkedIn, Apple, Samsung, Google et autres traquent chacun de vos mouvements en ligne. Elles vous explorent pour mieux vous découvrir et vous servir.

En outre, le client ne doit plus être imprévisible. Le but n'est surtout pas de manipuler mais faciliter le choix et la vie du client. Toutes formes de manipulation peuvent résulter en un chaos. D'ailleurs, c'est bien souvent le cas.

Pour savoir vendre, il n'existe qu'une seule formule: il faut commencer à vendre et trouver la formule qui vous correspond.

Démarquez-vous du vendeur passionné et devenez un professionnel. Choisissez un domaine et mettez vous au travail.

On ne devient pas riche en vendant tout. Dans ce monde très compétitif, seuls les spécialistes font la loi. Les généralistes sont toutes ces personnes qui ne savent toujours pas identifier leur mission sur terre. Ils deviennent vite inutiles dès que les choses se compliquent. Ils ne sont pas mieux que moyen et font partie de la masse, des 99%.

Ne vendez pas comme tout le monde. Les vraies techniques ne se trouvent pas dans une Bible de la Vente mais bien dans votre tête.

L'Art de la vente

Flirter et vendre sont deux arts assez similaires et employant des techniques identiques. Quel que soit votre sexe, mâle ou femelle, vous devez jouer le rôle de l'homme à chaque occasion de vente. Prenez toujours le dessus, orientez la conversation et écoutez les signaux que vous renvoie votre prospect ou sujet de séduction.

Connaître votre cible parfaitement, ses besoins, ses envies, son histoire, ses choix, ses limites, ses peines, ses fantasmes, ses peurs et autres vous permet ainsi de façonner une histoire[51] unique, logique, captivante et séduisante.

On ne doit pas vendre une belle paire de lunettes à un aveugle et encore moins un bikini de Hawai à une soeur religieuse. On prend naturellement plus de plaisir à séduire une belle femme aux délicieuses rondeurs plutôt qu'une femme repoussante. La raison est psychologique. Dans le premier cas, l'homme veut probablement la séduire alors que dans le second, il ne veut peut-être pas passer la nuit seul.

---

[51] Storytelling

L'art de la vente consiste à séduire son prospect bien plus qu'à le ruiner, tel un séducteur qui souhaite hacker[52] le cerveau et le coeur d'une jeune femme en vue de vivre une histoire pleine de romance.

La vente est ce jeu de romance dans lequel il est strictement interdit de coucher avec l'objet de ses désirs. Il y a une bien fine ligne entre la séduction, la persuasion et l'amour.

L'expérience est l'arme presque infaillible des grands vendeurs mais que faire si on n'a pas les qualités et les compétences d'un excellent vendeur?

Je crois qu'il y a au moins trois moyens pour vendre à dix clients par jour.

Le premier consiste à être excellent et à trouver dix clients par jour. Le second consiste à être moyen et trouver vingt clients par jour. Le dernier consiste à trouver cent clients et convaincre un client sur dix. Toutefois, les plus malins trouveront un moyen de s'adresser à mille clients et essayer d'en convaincre 1/100. Ces derniers savent aussi que harceler un client est l'arme des pauvres car le temps est une ressource inestimable.

---

[52] franchir les barrières

Que faire si un client vous dit **Non**?

C'est simple, vous passez au suivant. Quelqu'un qui ne sait pas reconnaître une belle opportunité n'est pas un bon client et peut devenir un problème à long terme. Les mariages forcés marchent rarement.

Il faut savoir que vous offrez une opportunité en or à un client d'essayer votre service ou votre produit. Vous rendez service. Le client n'est ainsi pas votre maître mais votre partenaire et vous, un humble ange.

Que faire si le client veut rompre un contrat?

Comprendre la cause[53] de la décision du client est très important. Si cela reste possible, trouvez une solution qui profite aux deux parties. Cependant, si un client devient nuisible, terminez tout de suite le contrat. Comprendre la cause vous permettra de mieux servir le prochain client.

Dois-je privilégier les clients riches ou pauvres?

Les clients pauvres et nombreux sont pour les entrepreneurs. Pour vendre et revenir riche, il faut privilégier les services et produits destinés aux riches.

---

[53] Cause, plus importante que la raison. Le client est un grand menteur

Une autre stratégie consiste à rendre disponible un produit ou un service à des milliers de personnes et automatiser les ventes. On ne devient pas riche en vendant une pomme à mille clients.

Je n'ai jamais vendu, que faire?

Une forme de vente consiste à vendre un rêve à une femme. Tous les drageurs sont des vendeurs. Avez-vous déjà convaincu quelqu'un un jour? Si oui, vous aviez vendu votre avis. Les principes sont exactement les mêmes, vous ajoutez simplement un prix en plus.

Pour commencer, demandez maintenant quelque chose en retour à chaque fois que quelqu'un exige occuper votre temps. Cela peut s'agir d'un service en retour, toujours. Une fois que vous êtes à l'aise avec cette habitude, mettez un prix à vos services. A ce stade, ne partagez plus gratuitement ce que vous n'utilisez plus, demandez quelque chose en retour, toujours. Proposez désormais de l'aide autour de vous contre une rémuneration.

Ai-je besoin d'un salaire ou d'une commission?

Le salaire est idéal pour les pauvres et les grandes commissions sont l'outil des riches. Une excellente stratégie de départ consiste à associer salaire et commissions.

Comment puis-je augmenter mes chances?

Il est bien plus facile de devenir riche en côtoyant des personnes riches. Le meilleur moyen et le plus rapide pour augmenter ses chances de devenir riche est d'appliquer la méthode 20/80. Passez 20% de votre temps avec les personnes de votre rang ou moins et 80% de votre temps avec des personnes qui ont les finances, la maison, la voiture et les relations que vous désirez.

Mes meilleurs amis sont pauvres, que faire?

Ne les quittez pas, rangez-les simplement dans la catégorie des 20%. La durée d'une relation n'entraîne pas son utilité. Une relation qui ne contribue pas à votre épanouissement est à supprimer de votre plan.

Que faire si je n'ai pas de beaux vêtements?

La femme attire par sa beauté, séduit par ses formes puis retient par son caractère. Le vendeur lui attire par sa tenue, son apparence et son sourire. Une belle tenue est ainsi un élément intégral de la stratégie. Ne confondez toutefois pas beauté et luxe.

Le beau ne coûte pas cher. Si vous ne pouvez pas être si beau, soyez propre avec un sourire luxueux.

> Seule la richesse m'intérese, puis-je devenir vendeur?

Non, menteur, c'est votre profession! La fonction première d'un vendeur c'est rendre un service, aider, apporter une solution à un problème bien défini. La richesse est une conséquence certaine et logique.

> Comment identifier un bon produit/service?

Pour mieux identifier un bon produit/service, il faut déjà l'essayer. Il est plus facile de vendre un produit qu'on aime énormément. Si vous ne pouvez pas du tout l'acheter, essayez-le. S'il s'agit d'une maison, visitez-la. Une voiture? Testez-la. Un shampooing? Essayez-le. Un jet? Volez à bord. Un jus? Goûtez-le. Ce que vous vendez, ce n'est pas le produit mais les sensations liées au produit, les avantages liés au service.

> Être célèbre peut-il me rendre riche?

Oui et seulement si vous savez monétiser cette célébrité. Être inconnu et riche est plus important que célèbre et pauvre. La célébrité est un poids que la pauvreté peut à peine soutenir. Conduire une Lamborghini et/ou être à la tête d'un vaste empire commercial vous rendra certainement célèbre.

Tous les excellents vendeurs sont-ils riches?

Non! Malheureusement certains excellents vendeurs sont uniquement salariés et d'autres encore vendent parfaitement de mauvais produits. Il s'agit surtout des produits avec de faibles marges bénéficiares (ex: sucettes, stylos...)

Que faire si les clients n'achètent pas?

Quelqu'un qui n'achète pas votre produit n'est pas un client, celui à qui vous proposez votre produit est un prospect[54]. Si un prospect ne souhaite pas devenir un client après votre meilleure tentative, il faut passez votre chemin sauf si vous pouvez trouver un autre produit qui correspond à son besoin.

Vous avez toujours le choix et gardez-le. Soit vous changez de prospect soit vous changez de produit. Certains prospects ont seulement besoin d'un nouvel emballage, pensez-y.

Je suis riche, que faire?

En vouloir largement plus et aider les autres à devenir riche. Le but est de devenir riche puis le demeurer. Prenez soin de chaque billet dans votre vie.

---

[54] Un prospect équivaut à une fille ou un homme qui vous plaît

Dois-je offrir mon argent aux autres?

Non! Les autres doivent mériter votre argent. C'est pourquoi il faut minimiser le nombre de pauvres autour de vous, moins de 20%.

Éloignez-vous sagement des personnes qui vous demandent souvent de l'argent. Elles ont pour mission de vous ruiner en vous rabaissant à leur niveau de médiocrité et de sabotage financier. Une fois leur but atteint, elles s'éloigneront de vous et vous mépriseront de toute leur force.

Comment puis-je conserver mon argent?

Conserver son argent est bien moins important qu'en gagner davantage.

Pensez à gagner 10 x plus que ce que vous gagnez déjà aujourd'hui.

- ✓ Réinvestissez 10% à 30% pour plus de gains
- ✓ Épargnez 10% pour des urgences
- ✓ Épargnez 10% pour votre plan de retraite
- ✓ Redistribuez 10% dans votre communauté
- ✓ Réinvestissez 10% dans votre éducation
- ✓ Utilisez 30% à 50% pour vos autres dépenses

Listez chacune de vos dépenses, anticipez et évitez le plus possible toutes les dépenses inutiles.

Votre Mission sur 5 ans
- Découvrir votre domaine -

Je crois que tout le monde a besoin d'un plan de développement personnel. Pour avancer dans votre carrière, ceci est un point de départ.

Listez 5 de vos compétences:
ex: Digital Marketing
1.
2.
3.
4.

Listez 5 de vos valeurs les plus importantes:
ex: Intégrité
1.
2.
3.
4.

Listez 5 de vos forces:
ex: analytique
1.
2.
3.
4.

Listez 5 points où vous avez besoin d'amélioration:
ex: Gestion de priorités
1.
2.
3.
4.

Listez 5 de vos priorités:
ex: Générer deux sources de revenus passifs
1.
2.
3.
4.

Identifiez les opportunités disponibles
ex: Revenus passifs - Crys génère des revenus passifs.
1.
2.
3.
4.

Prenez 2 à 3 jours pour remplir ce plan. Il s'agit d'un document important qui va conditionner les cinq ans à venir. Si vous n'êtes pas certain des réponses, je vous encourage à poser des questions autour de vous, à prendre des avis sincères sur vous.

Listez 5 personnes ressources autour de vous:
ex: Mon père
1.
2.
3.
4.

Listez 5 personnes qui vous inspirent et pourquoi:
ex: Le Dalai Lama... pour sa sagesse inestimable
1.
2.
3.
4.

Listez 5 livres que vous aviez déjà lu intégralement:
ex: Unboxing Your Gift
1.
2.
3.
4.

Maintenant que vous avez rempli cette partie, comparez ceci avec les six (6) autres points listés plus tôt. Pensez-vous que les neuf (9) points se complètent?

Les personnes ressources et les livres vous permettent-ils d'acquérir ou d'améliorer vos compétences?

Combien souhaitez-vous avoir dans votre compte bancaire dans 5 ans?
1. Montant Compte courant:
2. Montant Compte épargne Retraite:
3. Montant Compte épargne Urgence:
4. Montant Compte épargne Loisirs:
5. Montant Compte épargne Secret[55]:

Listez 5 personnes ou entreprises avec qui vous souhaitez travailler:
ex: Crys TACKY
1.
2.
3.
4.
5.

Qu'est ce qui vous sépare des cinq personnes et/ou entreprises citées? Un diplôme, une notoriété, un appel téléphonique, un facilitateur, une expertise? Il vous revient de trouver la réponse et bâtir un pont entre vous et votre objectif.

---

[55] Peut se référer à un Compte dont vous seul avez la connaissance pour couvrir toute catastrophe éventuelle

Cadre de VISION

Vous avez désormais des idées plus claires sur ce que vous voulez obtenir. Il vous faut communiquer vos objectifs à votre subconscient. Pour ce faire, vous allez nécessiter des images réelles qui illustrent fidèlement vos objectifs.

Ce livre est un outil personnel dont le but premier est de transformer vos émotions et finances. Utilisez les prochaines pages pour le collage. Découpez et collez à l'aide d'une colle à papier les images des objets de vos rêves. Recherchez sur internet, magazines ou journaux si vous n'avez pas encore les images à coller.

Le but n'est pas de lire, coller et ranger ce livre. Il doit être votre ami au quotidien. Consultez ce livre au reveil et au coucher jusqu'à ce que ce livre et vous ne fassiez qu'une seule personne. Comment le saurez-vous? Une fois que les objets de vos désirs deviendront tous réalité.

Je peux vous promettre sans moindre doute que cette pratique va transformer votre vie à tous les niveaux. C'est précisément pourquoi les pages qui vont suivre doivent être remplies avec soin et précision.

Quel est votre revenu aujourd'hui?

....

Êtes-vous heureux de vos finances?

....

Pensez-vous être une personne ordonnée?

....

Êtes-vous capable de vous motiver vous-même?

....

Croyez-vous en Dieu?

....

Si, oui, faites-vous l'effort de respecter les lois?

....

Planifiez-vous vos journées?

....

Pratiquez-vous la médidation?

....

Tenez-vous un budget de vos dépenses?

....

Aimez-vous le changement?

....

Si non, pourquoi?

....

Êtes-vous un adepte de la lecture?

....

Citez cinq (5) livres lus récemment et entièrement

....
....
....
....
....

Laissez ici un message à des personnes chères, en commençant par vos parents...

Collez ici les logos de vos partenaires/clients

Collez ici les images des chèques avec les montants que vous souhaitez recevoir

Collez ici les voitures que vous souhaitez acheter

Collez ici des photos de vous et vos clients désirés

Collez ici les lieux que vous allez visiter

Collez ici la maison de vos rêves et toutes les autres belles choses que vous souhaitez posséder.

Collez ici cinq (5) personnes qui vous inspirent et leurs réalisations

Je dois vous avouer une chose. Toutes ces choses, vous pouvez les avoir, à condition d'agir chaque jour sur vos rêves.

Le rêve est gratuit mais son accomplissemnet passe par des actions stratégiques et intentionnelles. Pour acquérir tous ces objets de vos rêves, il vous faut nécessairement vendre. Chaque jour passé sans une seule vente est un coup de poignard direct au coeur même de vos rêves.

Ma philosophie...

Crys TACKY est Consultant, Auteur et Passionné de la Réussite dans toutes ses formes.

Pour quelques raisons que j'ignore bien, certains de mon entourage m'annoncent comme serviteur de Dieu et j'avoue que ces songes ont très souvent traversé mes nuits. A l'heure où j'écris ces mots, je suis encore bien loin, cependant, je reconnais la main de Dieu dans chacune de nos vies.

Auteur de **Unboxing Your Gift**[56] et de **Vendre et Devenir Riche**, mon but est d'aider au moins dix (10) millions de personnes à travers le monde à sortir de leur conditionnement mental qui les empêche de profiter des richesses que Dieu a dissimulées en eux et partout autour d'eux.

Dieu n'est pas naïf et il a laissé cohabiter l'homme et la richesse. Il vit que cela était bon et il décida d'envoyer la connaissance afin que tous les hommes en profitent librement.

Je crois en l'échec, en la réussite et en la fortune. Tous trois sont inséparables sous l'oeil malin de la spiritualité et du subconscient.

---

[56] Déballer Votre Don, Reconnaître Votre Don

La seule manière d'atteindre la richesse est la vente. La question qu'il faut ainsi se poser est: Que vendre? Qu'il s'agisse d'un Don, d'un Talent, d'un Produit, d'un Service, d'un Concept, d'une Histoire ou d'un Rêve, etc... la réponse est strictement personnelle.

Ma philosophie est simple. S'il est vrai que vous souhaitez sortir de la masse de vos factures impayées, de la frustration de votre relevé bancaire à une ligne ou de tous les autres challenges financiers: **Vendez et Devenez Riche**!

Après la Bible, ce livre est ce qu'il vous faut pour transformer votre vie.

Pour avoir testé la richesse et la pauvreté, les rires et les larmes, l'acceptation et le rejet, l'amour et la haine, je peux affirmer sans un moindre doute que l'argent vous épargne de plusieurs maux.

Il y a une connexion directe ou indirecte entre chacun de vos maux et l'argent.

- L'argent ne peut pas acheter la santé mais peut l'entretenir

- L'argent ne peut pas acheter la mort mais peut la repousser ou la retarder

- L'argent ne peut pas acheter l'amour mais peut faciliter l'amour

- L'argent ne peut pas acheter le bonheur mais peut y contribuer

Nous pouvons citer encore plus d'exemples car la liste ci-dessus ne peut être complète.

Le plus grand malheur de tout homme n'est pas le manque d'informations ou d'éducation mais plutôt l'absence de la prise de décision et d'action.

Nous devons passer de l'ère de l'information à celle de l'action. La différence entre le riche et le pauvre, le vendeur et l'employé chômeur[57] réside encore dans l'exécution ou mise en oeuvre de l'information. Si l'écart entre l'information acquise et l'action c'est la discipline, je soupçonne aussi que la discipline soit liée aux émotions. Ainsi, un des problèmes les plus permanents est la canalisation de ses émotions.

L'exercice qui suit va pour permettre de modifier vos rituels, vos habitudes et dans le meilleur des cas, vos émotions. Vos émotions sont votre adversaire le plus redoutable.

Si vous parvenez à remporter la bataille dans votre tête et votre coeur, vous avez là fait un grand pas pour remporter la grande guerre dans votre vie.

---

[57] Personne ayant une mentalité d'employé et qui ne possède aucune source de revenus.

30 jours pour une nouvelle vie...

Pour changer de vie, il faut changer d'habitudes et pour changer d'habitudes, il faut nécessairement changer ses rituels. Ceci aura irréversiblement un impact sur vos émotions.

Ce programme de 30 jours vous propose une toute nouvelle façon de vivre et surtout de bousculer vos habitudes.

Ce livre est un outil personnel et tous les exercices doivent y être rapportés et revus régulièrement. Votre richesse sur terre est étroitement liée à votre niveau d'engagement.

Maintenant que vous avez fait tout ce parcours, il est question d'écrire de façon très brève votre mission sur terre. La connaissez-vous?

ex: *Ma mission est d'aider au moins dix (10) millions de personnes à travers le monde à sortir de leur conditionnement mental qui les empêche de profiter des richesses que Dieu a dissimulées en eux et partout autour d'eux.*

Listez l'ensemble de vos dépenses et complétez le tableau, le but étant d'éliminer les dépenses inutiles.

Dépenses	Coûts	X [58]	Utilité (Oui/Non)

---

[58] Combien de fois par mois

Ma Mission sur terre ....
....
....
....
....
....
....
....
....
....
....
....

Décrivez ici votre journée la plus ordinaire du réveil au coucher (1. 2. 3. 4. 5... etc)

1.

2.

3.

4.

5.

6.

7.

Définissez trois (3) activités à réaliser par jour. Les activités peuvent varier selon les jours et les besoins mais elles doivent toujours être en liaison avec votre mission sur terre définie plus haut.

Soyez précis (e) afin d'aider à faire un bilan chaque soir avant de vous coucher. Si vous ratez un jour, vous devez tout reprendre depuis le départ.

***ex**:*

Journée A:
1. *Lire le livre **Z**,*
2. *Rencontrer le client **X**,*
3. *Vendre **Y***

Cet exercice vous met face à votre accomplissement et vous permet de juger vous-même votre capacité à réussir et à mériter la richesse.

Vous êtes le sculpteur de votre vie et tout ce dont vous avez besoin pour votre art se trouve autour de vous. Personne d'autre que vous ne saura façonner votre oeuvre. A défaut, les gens vous offriront leurs choix et jamais le vôtre.

Si vous ne parvenez pas à conclure ce programme de 30 jours, je crains que vous soyez déjà entrain de saboter votre existence.

Le ciel vous a déjà béni, le reste est de votre propre responsabilité…

JOURNEE 1:

1. Levez-vous 1h plus tôt que d'habitude

2. Faites un peu d'exercices physiques

3.

4.

5.

Avez-vous pu réaliser chacune de vos missions du jour? Racontez votre expérience. Si **Non,** pourquoi?

JOURNEE 2:

1. Levez-vous 1h plus tôt que d'habitude

2. Faites un peu d'exercices physiques

3.

4.

5.

Avez-vous pu réaliser chacune de vos missions du jour? Racontez votre expérience. Si **Non,** pourquoi?

JOURNEE 3:

1. Levez-vous 1h plus tôt que d'habitude

2. Faites un peu d'exercices physiques

3.

4.

5.

Avez-vous pu réaliser chacune de vos missions du jour? Racontez votre expérience. Si **Non,** pourquoi?

JOURNEE 4:

1. Levez-vous 1h plus tôt que d'habitude

2. Faites un peu d'exercices physiques

3.

4.

5.

Avez-vous pu réaliser chacune de vos missions du jour? Racontez votre expérience. Si **Non,** pourquoi?

JOURNEE 5:

1. Levez-vous 1h plus tôt que d'habitude

2. Faites un peu d'exercices physiques

3.

4.

5.

Avez-vous pu réaliser chacune de vos missions du jour? Racontez votre expérience. Si **Non,** pourquoi?

JOURNEE 6:

1. Levez-vous 1h plus tôt que d'habitude

2. Faites un peu d'exercices physiques

3.

4.

5.

Avez-vous pu réaliser chacune de vos missions du jour? Racontez votre expérience. Si **Non,** pourquoi?

JOURNEE 7:

1. Levez-vous 1h plus tôt que d'habitude

2. Faites un peu d'exercices physiques

3.

4.

5.

Avez-vous pu réaliser chacune de vos missions du jour? Racontez votre expérience. Si **Non,** pourquoi?

JOURNEE 8:

1. Levez-vous 1h plus tôt que d'habitude

2. Faites un peu d'exercices physiques

3. Consacrez 10 minutes à visualiser votre journée

4.

5.

6.

Avez-vous pu réaliser chacune de vos missions du jour? Racontez votre expérience. Si **Non,** pourquoi?

JOURNEE 9:

1. Levez-vous 1h plus tôt que d'habitude

2. Faites un peu d'exercices physiques

3. Consacrez 10 minutes à visualiser votre journée

4.

5.

6.

Avez-vous pu réaliser chacune de vos missions du jour? Racontez votre expérience. Si **Non,** pourquoi?

JOURNEE 10:

1. Levez-vous 1h plus tôt que d'habitude

2. Faites un peu d'exercices physiques

3. Consacrez 10 minutes à visualiser votre journée

4.

5.

6.

Avez-vous pu réaliser chacune de vos missions du jour? Racontez votre expérience. Si **Non,** pourquoi?

JOURNEE 11:

1. Levez-vous 1h plus tôt que d'habitude

2. Faites un peu d'exercices physiques

3. Consacrez 10 minutes à visualiser votre journée

4.

5.

6.

Avez-vous pu réaliser chacune de vos missions du jour? Racontez votre expérience. Si **Non,** pourquoi?

JOURNEE 12 :

1. Levez-vous 1h plus tôt que d'habitude

2. Faites un peu d'exercices physiques

3. Consacrez 10 minutes à visualiser votre journée

4.

5.

6.

Avez-vous pu réaliser chacune de vos missions du jour? Racontez votre expérience. Si **Non,** pourquoi?

JOURNEE 13:

1. Levez-vous 1h plus tôt que d'habitude

2. Faites un peu d'exercices physiques

3. Consacrez 10 minutes à visualiser votre journée

4.

5.

6.

Avez-vous pu réaliser chacune de vos missions du jour? Racontez votre expérience. Si **Non,** pourquoi?

JOURNEE 14:

1. Levez-vous 1h plus tôt que d'habitude

2. Faites un peu d'exercices physiques

3. Consacrez 10 minutes à visualiser votre journée

4.

5.

6.

Avez-vous pu réaliser chacune de vos missions du jour? Racontez votre expérience. Si **Non,** pourquoi?

JOURNEE 15:

1. Levez-vous 1h plus tôt que d'habitude

2. Faites un peu d'exercices physiques

3. Consacrez 10 minutes à visualiser votre journée

4. Commercialisez au moins une chose

5.

6.

Avez-vous pu réaliser chacune de vos missions du jour? Racontez votre expérience. Si **Non,** pourquoi?

JOURNEE 16:

1. Levez-vous 1h plus tôt que d'habitude

2. Faites un peu d'exercices physiques

3. Consacrez 10 minutes à visualiser votre journée

4. Commercialisez au moins une chose

5.

6.

Avez-vous pu réaliser chacune de vos missions du jour? Racontez votre expérience. Si **Non,** pourquoi?

JOURNEE 17:

1. Levez-vous 1h plus tôt que d'habitude

2. Faites un peu d'exercices physiques

3. Consacrez 10 minutes à visualiser votre journée

4. Commercialisez au moins une chose

5.

6.

Avez-vous pu réaliser chacune de vos missions du jour? Racontez votre expérience. Si **Non,** pourquoi?

JOURNEE 18:

1. Levez-vous 1h plus tôt que d'habitude

2. Faites un peu d'exercices physiques

3. Consacrez 10 minutes à visualiser votre journée

4. Commercialisez au moins une chose

5.

6.

Avez-vous pu réaliser chacune de vos missions du jour? Racontez votre expérience. Si **Non,** pourquoi?

JOURNEE 19:

1. Levez-vous 1h plus tôt que d'habitude

2. Faites un peu d'exercices physiques

3. Consacrez 10 minutes à visualiser votre journée

4. Commercialisez au moins une chose

5.

6.

Avez-vous pu réaliser chacune de vos missions du jour? Racontez votre expérience. Si **Non,** pourquoi?

JOURNEE 20:

1. Levez-vous 1h plus tôt que d'habitude

2. Faites un peu d'exercices physiques

3. Consacrez 10 minutes à visualiser votre journée

4. Commercialisez au moins une chose

5.

6.

Avez-vous pu réaliser chacune de vos missions du jour? Racontez votre expérience. Si **Non,** pourquoi?

JOURNEE 21:

1. Levez-vous 1h plus tôt que d'habitude

2. Faites un peu d'exercices physiques

3. Consacrez 10 minutes à visualiser votre journée

4. Commercialisez au moins une chose

5.

6.

Avez-vous pu réaliser chacune de vos missions du jour? Racontez votre expérience. Si **Non,** pourquoi?

JOURNEE 22:

1. Levez-vous 1h plus tôt que d'habitude

2. Faites un peu d'exercices physiques

3. Consacrez 10 minutes à visualiser votre journée

4. Commercialisez au moins une chose

5.

6.

Avez-vous pu réaliser chacune de vos missions du jour? Racontez votre expérience. Si **Non,** pourquoi?

JOURNEE 23:

1. Levez-vous 1h plus tôt que d'habitude

2. Faites un peu d'exercices physiques

3. Consacrez 10 minutes à visualiser votre journée

4. Commercialisez au moins une chose

5.

6.

Avez-vous pu réaliser chacune de vos missions du jour? Racontez votre expérience. Si **Non,** pourquoi?

JOURNEE 24:

1. Levez-vous 1h plus tôt que d'habitude

2. Faites un peu d'exercices physiques

3. Consacrez 10 minutes à visualiser votre journée

4. Commercialisez au moins une chose

5.

6.

Avez-vous pu réaliser chacune de vos missions du jour? Racontez votre expérience. Si **Non,** pourquoi?

JOURNEE 25:

1. Levez-vous 1h plus tôt que d'habitude

2. Faites un peu d'exercices physiques

3. Consacrez 10 minutes à visualiser votre journée

4. Commercialisez au moins une chose

5.

6.

Avez-vous pu réaliser chacune de vos missions du jour? Racontez votre expérience. Si **Non,** pourquoi?

JOURNEE 26:

1. Levez-vous 1h plus tôt que d'habitude

2. Faites un peu d'exercices physiques

3. Consacrez 10 minutes à visualiser votre journée

4. Commercialisez au moins une chose

5.

6.

Avez-vous pu réaliser chacune de vos missions du jour? Racontez votre expérience. Si **Non,** pourquoi?

JOURNEE 27:

1. Levez-vous 1h plus tôt que d'habitude

2. Faites un peu d'exercices physiques

3. Consacrez 10 minutes à visualiser votre journée

4. Commercialisez au moins une chose

5.

6.

Avez-vous pu réaliser chacune de vos missions du jour? Racontez votre expérience. Si **Non,** pourquoi?

JOURNEE 28:

1. Levez-vous 1h plus tôt que d'habitude

2. Faites un peu d'exercices physiques

3. Consacrez 10 minutes à visualiser votre journée

4. Commercialisez au moins une chose

5.

6.

Avez-vous pu réaliser chacune de vos missions du jour? Racontez votre expérience. Si **Non,** pourquoi?

JOURNEE 29:

1. Levez-vous 1h plus tôt que d'habitude

2. Faites un peu d'exercices physiques

3. Consacrez 10 minutes à visualiser votre journée

4. Commercialisez au moins une chose

5. Rendez service à quelqu'un (autre que financier)

6.

7.

Avez-vous pu réaliser chacune de vos missions du jour? Racontez votre expérience. Si **Non,** pourquoi?

JOURNEE 30:

1. Levez-vous 1h plus tôt que d'habitude

2. Faites un peu d'exercices physiques

3. Consacrez 10 minutes à visualiser votre journée

4. Commercialisez au moins une chose

5. Rendez service à quelqu'un (autre que financier)

6.

7.

Avez-vous pu réaliser chacune de vos missions du jour? Racontez votre expérience. Si **Non,** pourquoi?

Maintenant que vous avez entièrement fini votre **Programme de 30 jours**, résumez votre expérience ici de façon honnête.

Abstenez-vous de toute réflexion trop approfondie. Soyez libre et laissez s'exprimer votre *Coeur*.

Bibliographie

La Sainte Bible

Unboxing Your Gift
Par Crys TACKY

Crushing It!: How Great Entrepreneurs Build Their Business and Influence—and How You Can, Too
Par Gary Vaynerchuk

Le Pouvoir du moment présent
Par Eckhart Tolle

Penser & Devenir Riche
Par Napoleon Hill

Plus Malin que le Diable
Par Napoleon Hill

La Chèvre de ma mère – Le secret de la prospérité
Par Ricardo Kaniama

Pouvoir Illimité
Anthony Robbins

Les hommes viennent de Mars, les femmes viennent de Vénus
Par John Gray

Les 21 lois irréfutables du leadership
John C. Maxwell

Certifié en Leadership,

Expert en Digital Marketing et Ventes,

Auteur de **Unboxing Your Gift** puis de **Vendre & Devenir Riche,**

Crys a à coeur d'influencer la vie de 10 million d'individus dans la poursuite du bonheur et d'une indépendance financière durable.

On ne vend pas pour devenir riche mais pour d'abord rendre un service. C'est de cette incompréhension que nait l'anarque.

Le Marketing de réseau est une forme de marketing et non une forme d'entreprise. C'est avant tout une profession.

Il ne suffit pas de se croire riche pour le devenir. La loi d'attraction ne répond essentiellement qu'à l'action animée par la foi.

La richesse n'est pas statique, elle est inévitablement multidimensionnelle. La richesse comme le bonheur est un tout.

On ne peut pas être pauvre et heureux. Il faut être ignorant et incrédule pour croire une telle folie.

Un bien mal acquis ne profite jamais combien même il brille aux yeux de tous les autres.

La richesse est semblable à la méditation. Elles concentrent toutes deux le monde au centre de vous.

Le client n'est ni roi ni esclave. Il est une passerelle vers votre indépendance financière, un allié de circonstance.

L'infidélité est un tueur bien silencieux susceptible d'anéantir toute fortune durement acquise.

Santé, richesse, bonheur... voici les trois grands amis strictement indissociables pour réussir.

La richesse vous rend mystérieusement charmant, quelle que soit la profondeur de votre laideur.

Dans les sociétés modernes, seuls les riches ont véritablement de l'importance. Tous les autres sont simplement utiles.

Le respect, soit vous le méritez, soit vous l'achetez comme un riche.

La différence entre la vente et l'escroquerie c'est la valeur ajoutée. Le vendeur a pour mission d'apporter une valeur ajoutée au client, une solution fiable.

Les grands vendeurs bâtissent des réseaux efficaces. C'est la qualité première des hommes riches.

En amour comme lors d'une vente, seulement deux choses comptent vraiment: l'objectif et la stratégie.

Vos fans seront les personnes les plus motivées à vous détruire. Une seule occasion suffit largement.

© Crys TACKY. Tous droits réservés.

www.ingramcontent.com/pod-product-compliance
Lightning Source LLC
Chambersburg PA
CBHW060844220526
45466CB00003B/1230